10代《だい》からのメンタルケア

「みんなと違《ちが》う」自分《じぶん》を大切《たいせつ》にする方法《ほうほう》

精神科医・医学博士
本田秀夫

はじめに

みなさんは、自分《じぶん》に自信《じしん》がありますか？

そう聞《き》かれて、胸《むね》を張《は》って「あります！」と言《い》える人《ひと》は多《おお》くはないでしょう。特《とく》に10代《だい》の頃《ころ》は、集団生活《しゅうだんせいかつ》のなかでほかの人《ひと》と自分《じぶん》を比《くら》べる機会《きかい》が多《おお》いもの。自信《じしん》を持《も》つのが難《むずか》しい時期《じき》だと思《おも》います。

例《たと》えば、まわりの子《こ》が仲良《なかよ》しグループをつくったり彼氏《かれし》や彼女《かのじょ》をつくったりしているなかで、自分《じぶん》だけ友《とも》だちづき合《あ》いがうまくできなかったら、落《お》ち込《こ》んでしまいますよね。

この本《ほん》は、そういう経験《けいけん》を重《かさ》ねて「自分《じぶん》はダメだ」「みんなとは違《ちが》う」と悩《なや》んでいる人《ひと》に、「自分《じぶん》らしさ」を大切《たいせつ》にして自信《じしん》を取《と》り戻《もど》してほしいと思《おも》って書《か》きました。

自分《じぶん》を大切《たいせつ》にするためには、まず自分《じぶん》を知《し》ることが必要《ひつよう》です。あなたが「みんなとは違《ちが》う」と感《かん》じたことがあるのなら、それは自分《じぶん》を知《し》るチャンスです。その違和感《いわかん》のなかに、あなたらしさが隠《かく》れているかもしれません。自分《じぶん》はみんなとどう違《ちが》うのか。それがわかれば、自分《じぶん》の特徴《とくちょう》もきっと見《み》えてきます。

これから、自分《じぶん》らしさを探《さが》し、自分《じぶん》のいいところを大切《たいせつ》にするためのヒントをたくさん紹介《しょうかい》していきます。

この本《ほん》が、あなたの自信《じしん》を支《ささ》えるものになることを願《ねが》っています。

本田《ほんだ》秀夫《ひでお》

悩《なや》み
01

みんなは楽《たの》しそうに話《はな》しているのに…

自分《じぶん》が発言《はつげん》したときだけ雰囲気《ふんいき》がちょっと変《へん》になる

学校《がっこう》で、みんなと一緒《いっしょ》に何《なに》かをしているとき、自分《じぶん》だけ何《なに》かがズレてしまうということに悩《なや》んでいる人《ひと》もいると思《おも》います。

例《たと》えば、右《みぎ》ページのマンガのように、数人《すうにん》でおしゃべりしていて、誰《だれ》が何《なに》を言《い》っても盛《も》り上《あ》がっているのに、**自分《じぶん》が発言《はつげん》すると、雰囲気《ふんいき》がちょっと変《へん》になってしまう。**同《おな》じ話題《わだい》でおしゃべりしているのに、自分《じぶん》の発言《はつげん》だけ、みんなと何《なに》かが違《ちが》う。その違《ちが》いがみんなにはわかっているのに、自分《じぶん》にはよくわからない。

そういうすれ違《ちが》いが起《お》きると、誰《だれ》でも戸惑《とまど》ってしまうものです。

話《はなし》が合《あ》わないのは、自分《じぶん》のせいなのか。自分《じぶん》のほうがズレていて、おもしろさを理解《りかい》できていないのだとしたら、友《とも》だちに合《あ》わせて話《はな》し方《かた》や話《はな》す内容《ないよう》を変《か》えたほうがいいのでしょうか。

それとも、相手《あいて》のほうがズレているのか。みんながいろいろとわかっていなくて、自分《じぶん》の話《はなし》についてくることができないのだとしたら、その人《ひと》たちよりも話《はなし》の合《あ》う相手《あいて》を探《さが》したほうがいいのでしょうか。

ただお互《たが》いの相性《あいしょう》が合《あ》っていないだけ

会話《かいわ》がすれ違《ちが》うときというのは、どちらかがおかしいというよりは、お互《たが》いの相性《あいしょう》が合《あ》っていないのだと思《おも》います。

冒頭《ぼうとう》のマンガのように、相手《あいて》のほうは何人《なんにん》もいて、自分一人《じぶんひとり》だけがうまく話《はな》せていない場合《ばあい》、自分《じぶん》が変《へん》なんだと思《おも》ってしまいがちですが、**必《かなら》ずしも多数派《たすうは》**

が正《ただ》しくて、少数派《しょうすうは》は間違《まちが》っているというわけではありません。

どちらかが正《ただ》しいというわけではなくて、おもしろいと思《おも》っていることがお互《たが》いに違《ちが》うというだけのことでしょう。

自分《じぶん》とみんなの違《ちが》いをどう考《かんが》えていけばいいのか

ただ、「少数意見《しょうすういけん》をおかしいと思《おも》う必要《ひつよう》はない」と言《い》っても、いつもみんなと話《はなし》が合《あ》わないのは、やっぱりつらいですよね。「盛《も》り上《あ》がっている会話《かいわ》に入《はい》りたい」という気持《きも》ちや、「共感《きょうかん》できる友《とも》だちがほしい」という気持《きも》ちもあると思《おも》います。

この本《ほん》は、そういう悩《なや》みや迷《まよ》いにこたえる本《ほん》です。「みんなと違《ちが》う」自分《じぶん》の考《かんが》え方《かた》を大切《たいせつ》にしながら、まわりの人《ひと》とも無理《むり》なく交流《こうりゅう》していくためには、どんなことを心《こころ》がければいいのか。そのヒントをこれから紹介《しょうかい》していきます。

第《だい》1章《しょう》

自分《じぶん》の タイプを知《し》る

他人《たにん》に合《あ》わせるよりも自分《じぶん》のやり方《かた》やペースを大事《だいじ》に

みんなと合《あ》わないことが多《おお》くて、いつもすれ違《ちが》ってばかりいると、悩《なや》んでしまいますよね。そういうときは基本的《きほんてき》に、相手《あいて》に合《あ》わせるよりも自分《じぶん》のやり方《かた》やペースを大事《だいじ》にしたほうがいいと私《わたし》は思《おも》っています。

世《よ》の中《なか》には、いろいろなタイプの人《ひと》がいます。さまざまなことを平均的《へいきんてき》にうまくできる人《ひと》もいれば、得意不得意《とくいふとくい》が分《わ》かれていて、勉強《べんきょう》はよくできるけど運動《うんどう》は苦手《にがて》という人《ひと》もいます。

もちろん、努力《どりょく》や工夫《くふう》によってカバーできる面《めん》もありますが、得意《とくい》なことと苦手《にがて》なことでは、カバーできる程度《ていど》が違《ちが》います。みんなに合《あ》わせようと思《おも》っていても、どうしても苦手《にがて》で、うまくできないこともあるんです。

自分《じぶん》がどんなタイプか知《し》るための わかりやすいやり方《かた》

自分《じぶん》のやり方《かた》やペースを大事《だいじ》にするためには、自分《じぶん》のタイプを知《し》ることが大《たい》切《せつ》です。私《わたし》は、**自分《じぶん》のタイプを知《し》るためには、「興味《きょうみ》」の持《も》ち方《かた》を考《かんが》えるのがわかりやすい**と思《おも》っています。

みなさんは、いま何《なに》に一番《いちばん》興味《きょうみ》がありますか？　人《ひと》それぞれ思《おも》い浮《う》かべるものは違《ちが》うと思《おも》いますが、みなさんがその対象《たいしょう》に興味《きょうみ》を持《も》ったのはなぜでしょう。おそらくみなさんの「好《す》き」は一《ひと》つの言葉《ことば》だけ、一《ひと》つの理由《りゆう》だけでは言《い》い表《あらわ》せないような、特別《とくべつ》な気持《きも》ちなのではないでしょうか。人《ひと》が何《なに》かに興味《きょうみ》を持《も》つときには、特《とく》に理由《りゆう》がなく、気《き》がついたら好《す》きになっていたということがよくあります。

「好《す》きなこと」は無理《むり》に変《か》えないほうがいい

一方《いっぽう》で、ほかの人《ひと》から「これ、おもしろいよ」と強《つよ》くすすめられても、興味《きょうみ》を持《も》てないこともありますよね。そして自分《じぶん》が人《ひと》に好《す》きなものをすすめても、興味《きょうみ》を持《も》ってもらえないこともある。**自分《じぶん》の「好《す》き」や他人《たにん》の「好《す》き」は、変《か》えられないことも多《おお》い**んです。

自分《じぶん》の好《す》きなことや得意《とくい》なこと、特徴《とくちょう》、タイプは、ある程度《ていど》は調整《ちょうせい》できるけど、変《か》えられないところもある。だから好《す》きなことは、みんなのノリに合《あ》わせて変《か》えなくてもいい。でも、特《とく》に好《す》きでも得意《とくい》でもないことなら、みんなに合《あ》わせてもいい。そう考《かんが》えて勉強《べんきょう》や運動《うんどう》、友《とも》だちづき合《あ》いをしていくと、自分《じぶん》らしくやっていけると思《おも》います。

人《ひと》に言《い》えるような「好《す》きなこと」がない場合《ばあい》は？

「そこまで好《す》きなことはない」という人《ひと》もいるかもしれません。例《たと》えば「ゲームが好《す》きだけど、自分《じぶん》より好《す》きな人《ひと》や上手《じょうず》な人《ひと》はほかにもたくさんいる」という人《ひと》もいるでしょう。でも、それでいいんです。**好《す》きな気持《きも》ちは人《ひと》と比《くら》べなくていいし、人《ひと》に自慢《じまん》できる特技《とくぎ》でなくてもいい。**

やっているとつい集中《しゅうちゅう》してしまって、時間《じかん》がたつのを早《はや》く感《かん》じるようなことであれば、なんでもいいんです。

ゲームのような趣味《しゅみ》でも、「部活《ぶかつ》の練習《れんしゅう》が楽《たの》しい」「この教科《きょうか》は集中《しゅうちゅう》しやすい」ということでも十分《じゅうぶん》です。そういうことを中心《ちゅうしん》にして、自分《じぶん》のスタイルをつくっていきましょう。

自分《じぶん》のスタイルを決《き》めると「あきらめる」ことが増《ふ》える？

自分《じぶん》の好《す》きなものを中心《ちゅうしん》にして、自分《じぶん》のスタイルをつくっていく。それは、自分《じぶん》の生《い》き方《かた》を「決《き》める」ようなことでもあります。

そうやって何《なに》か一《ひと》つの道《みち》を選《えら》ぶと、ほかの何《なに》かをあきらめなければならないときもあります。例《たと》えば「趣味《しゅみ》が合《あ》う友《とも》だちとだけつき合《あ》う」「自分《じぶん》が無理《むり》をしてつき合《あ》っている人《ひと》とは距離《きょり》を置《お》く」と決《き》めたら、つき合《あ》う友《とも》だちの数《かず》はこれまでより減《へ》ることもあるでしょう。

誰《だれ》とでも仲《なか》が良《よ》くて、たくさんの友《とも》だちがいる自分《じぶん》でありたいと思《おも》う人《ひと》であれば、この事実《じじつ》は少《すこ》しショックなことかもしれません。また、親《おや》や先生《せんせい》などに「あきらめずに努力《どりょく》すること」が大事《だいじ》だと教《おし》えられてきた人《ひと》にとっても、なか

何《なに》かをあきらめてもいいい!　どれを大事《だいじ》にするかは自分次第《じぶんしだい》

なか受《う》け入《い》れがたいことでしょう。

ただ、じつはあきらめるのは悪《わる》いことではありません。「あきらめる」という言葉《ことば》には、もともと「明《あき》らかにする」という意味《いみ》があります。真実《しんじつ》を明《あき》らかにして、納得《なっとく》した上《うえ》で一《ひと》つのことを選《えら》ぶ、決《き》めるということです。

「あきらめる」は、「決《き》める」と表裏《おもてうら》の関係《かんけい》になっている。何《なに》かをあきらめることで、はじめて自分《じぶん》のやり方《かた》を決《き》めることができる、とも言《い》えるわけです。

何《なに》もかもを追《お》いかけないで自分《じぶん》の行《ゆ》く道《みち》を決《き》める

10代《だい》の頃《ころ》には、夢《ゆめ》や希望《きぼう》がふくらむものです。「勉強《べんきょう》をがんばりたい」「運動《うんどう》もうまくなりたい」「友《とも》だちがたくさんほしい」「趣味《しゅみ》でも一目置《いちもくお》かれるようになりたい」というように、叶《かな》えたいことがたくさん出《で》てきます。ほかの人《ひと》ができていることを、自分《じぶん》もできるようになりたいと願《ねが》う。でも、なかには叶《かな》わないこともある。それで頭《あたま》がこんがらがって悩《なや》むわけです。

そんなときは、何《なに》もかもを追《お》いかけて無理《むり》に努力《どりょく》をするのではなく、**いくつかのものはあきらめて、自分《じぶん》の行《ゆ》く道《みち》を決《き》めることが大切《たいせつ》**なんですね。そうすれば「みんなと同《おな》じようにできない」という悩《なや》みは減《へ》っていくんです。

「君《きみ》は変《か》われる」と言《い》って むやみに励《はげ》ましたいわけじゃない

「好《す》きなことを探《さが》そう」「自分《じぶん》のスタイルを決《き》めよう」と言《い》われると、「前向《まえむ》きに変《か》わらなきゃいけない」という印象《いんしょう》を受《う》ける人《ひと》もいるかもしれません。

確《たし》かに、世《よ》の中《なか》には「君《きみ》は変《か》われる」と言《い》って若者《わかもの》を勇気《ゆうき》づけようとする人《ひと》もいますが、私《わたし》はみなさんが変《か》わらなければいけないとは思《おも》っていません。

人《ひと》によって、変《か》わりたい気持《きも》ちの強《つよ》さは違《ちが》います。この本《ほん》を読《よ》んで「こういうところは変《か》えたい」と思《おも》うことがあれば、変《か》えてもいいでしょう。「こうなりたいけど無理《むり》だ」「自分《じぶん》にはできない」と思《おも》うのなら、変《か》わらなくてもいいと思《おも》います。何《なに》も変《か》えなくても、そういう考《かんが》え方《かた》を知《し》っているだけで、楽《らく》になることもあります。変《か》わらなくてもいい。知《し》るだけでもいいんです。

「そのままの君《きみ》でいい」と言《い》いたいわけでもない

ただ、私《わたし》はみなさんに「そのままの君《きみ》でいい」と言《い》いたいわけでもありません。最近《さいきん》よく聞《き》く言葉《ことば》ではありますが、そう言《い》われて安心《あんしん》できるかというと、そうでもないですよね。

私《わたし》がみなさんに伝《つた》えたいのは、**「あなたは変《か》わることも、変《か》わらないことも選《えら》べます」**ということです。

そもそも人生《じんせい》は、変《か》わるか変《か》わらないかの二択《にたく》ではありません。「この部分《ぶぶん》は変《か》えるけど、ここは変《か》えない」という選択《せんたく》をすることも多《おお》くあります。

そういう意味《いみ》では、**みなさんには「変《か》えなくていい部分《ぶぶん》」を見極《みきわ》めてほしいと思《おも》います。**自分《じぶん》の好《す》きなこと、自分《じぶん》らしいやり方《かた》が「変《か》えなくていい部分《ぶぶん》」

です。自分《じぶん》らしさを大切《たいせつ》にしながら、それ以外《いがい》の部分《ぶぶん》はまわりの人《ひと》にも合《あ》わせていく。その見極《みきわ》めができれば、心地《ここち》よく過《す》ごすことができます。

自分《じぶん》らしさを大切《たいせつ》にするために

この本《ほん》は、みなさんが自分《じぶん》の好《す》きなもの、自分《じぶん》らしいやり方《かた》を探《さが》して、自分《じぶん》のスタイルを決《き》めることをお手伝《てつだ》いします。

このあとの章《しょう》では、「友《とも》だち」「努力《どりょく》」「普通《ふつう》」という3つのテーマで、いろいろな悩《なや》みをマンガで紹介《しょうかい》しながら、発想《はっそう》を転換《てんかん》するヒントをまとめています。うまくできないことがあるなかで、どんな考《かんが》え方《かた》をしたら自分《じぶん》のいいところに気《き》づけるのか。これからお伝《つた》えすることを参考《さんこう》にして、あなた自身《じしん》がどうしたいのかを考《かんが》えてみてください。
どこから読《よ》み始《はじ》めても大丈夫《だいじょうぶ》です。自分《じぶん》の気《き》が向《む》くところからページをめくってみてください。

第《だい》2章《しょう》
「友《とも》だち」ってなんだろう

第《だい》3章《しょう》
「努力《どりょく》」ってなんだろう

第《だい》4章《しょう》
「普通《ふつう》」ってなんだろう

第《だい》5章《しょう》
「みんなと違《ちが》う」
自分《じぶん》との向《む》き合《あ》い方《かた》

学校生活《がっこうせいかつ》を送《おく》るにあたって悩《なや》むことが多《おお》い「友《とも》だち」「努力《どりょく》」「普通《ふつう》」について考《かんが》えるヒントがあります

第《だい》2章《しょう》

「友《とも》だち」ってなんだろう

友《とも》だちとのつき合《あ》い方《かた》は一《ひと》つじゃない

ここからは、私《わたし》がこれまでに多《おお》くの10代《だい》の人《ひと》たちから聞《き》いてきた悩《なや》みごとの紹介《しょうかい》と、それに対《たい》しての発想《はっそう》の切《き》り替《か》え方《かた》を提案《ていあん》していきます。

まずは友《とも》だち関係《かんけい》についての悩《なや》みから始《はじ》めましょう。

学校生活《がっこうせいかつ》は、同級生《どうきゅうせい》と過《す》ごす時間《じかん》がとても長《なが》いものです。だからこそ、友《とも》だち関係《かんけい》が思《おも》い通《どお》りにいかなかったり、友《とも》だちグループから浮《う》いてしまったりすると、ずっとモヤモヤした気持《きも》ちを抱《かか》えてしまうことになりますよね。

学校《がっこう》の先生《せんせい》からは「友《とも》だちと仲良《なかよ》く」と繰《く》り返《かえ》し言《い》われるでしょうし、誰《だれ》とでも仲良《なかよ》くできる、友《とも》だちが多《おお》い人《ひと》はクラスでも目立《めだ》つ存在《そんざい》になりがちです。

また、リアルの友《とも》だちとSNSでつながるとき、友《とも》だちの数《かず》がそのままフォロワーやいいねの数《かず》につながることもあるでしょう。

ただ、改《あらた》めて考《かんが》えてみると「友《とも》だち」って一体《いったい》なんなのでしょうか。また、「友《とも》だち」の輪《わ》から外《はず》れることや、数《かず》が多《おお》くないことってそんなに悪《わる》いことなのでしょうか。

一般的《いっぱんてき》な友《とも》だちの定義《ていぎ》や、大人《おとな》が理想《りそう》とするような友《とも》だちとのつき合《あ》い方《かた》はひとまず置《お》いておいて、**自分《じぶん》のタイプに合《あ》った友《とも》だち関係《かんけい》の築《きず》き方《かた》**を一緒《いっしょ》に考《かんが》えていきましょう。

自分《じぶん》がどういうタイプの人間《にんげん》なのかを知《し》る。そして、自分《じぶん》のタイプに合《あ》ったやり方《かた》で問題《もんだい》に対処《たいしょ》していく。私《わたし》は、そういうふうに発想《はっそう》を切《き》り替《か》えて、悩《なや》みごとから解放《かいほう》された人《ひと》たちを見《み》てきました。

パラパラとめくって気《き》になるところから読《よ》み進《すす》めてもらうと、「そういう考《かんが》え方《かた》もアリなんだ」というヒントがなにかしら見《み》つかると思《おも》います。

悩《なや》み

02

友《とも》だち関係《かんけい》でモヤモヤする

「友《とも》だち関係《かんけい》の悩《なや》み」は人《ひと》によってけっこう違《ちが》う

友《とも》だち関係《かんけい》の悩《なや》みは誰《だれ》にでもありますが、「どうしてモヤモヤしているのか」を聞《き》いてみると、悩《なや》んでいるポイントは人《ひと》によって違《ちが》います。

例《たと》えば、「話《はな》し相手《あいて》はいるけど、趣味《しゅみ》の合《あ》う友《とも》だちがいない」と悩《なや》む人《ひと》もいれば、「親友《しんゆう》と呼《よ》べるほどの相手《あいて》がいない」という人《ひと》も、「仲《なか》が良《よ》い友《とも》だちはいるけど、ときどき無性《むしょう》に一人《ひとり》になりたくなる」という人《ひと》もいます。

人《ひと》それぞれ求《もと》めているものは違《ちが》いますが、**友《とも》だち関係《かんけい》の悩《なや》みは基本的《きほんてき》に「自《じ》分《ぶん》を取《と》り囲《かこ》む人間関係《にんげんかんけい》に満足《まんぞく》できていない」というものです。**友《とも》だちの数《かず》や人《ひと》柄《がら》、つき合《あ》い方《かた》をよく考《かんが》えてみたときに、満足《まんぞく》できる状況《じょうきょう》ではないからモヤモヤする。それで友《とも》だち関係《かんけい》を変《か》えようとするわけです。

そもそも「友《とも》だち」ってなにか説明《せつめい》できる？

多《おお》くの人《ひと》はそこで、友《とも》だちを増《ふ》やそうとしたり、友《とも》だちともっと仲良《なかよ》くなろうとします。でも「より多《おお》く」「より親《した》しく」を追《お》い求《もと》めても、なかなか満足《まんぞく》できなくて、ないものねだりになっていくこともあります。

友《とも》だち関係《かんけい》で悩《なや》んだときには「そもそも友《とも》だちってなんだろう？」と考《かんが》えてみましょう。「友《とも》だち」の形《かたち》はいろいろあります。いつも一緒《いっしょ》にいるのが友《とも》だちだと考《かんが》える人《ひと》もいれば、たまに遊《あそ》ぶ相手《あいて》を友《とも》だちだと思《おも》っている人《ひと》もいます。

例《たと》えば、普段《ふだん》はそれほど接点《せってん》がないけど、試験勉強《しけんべんきょう》のときだけ一緒《いっしょ》に行動《こうどう》する友《とも》だちがいてもいい。そこで「より親《した》しく」と考《かんが》えず、「この友《とも》だち関係《かんけい》がちょうどいい」と思《おも》ってつき合《あ》う。そういう距離感《きょりかん》が向《む》いている場合《ばあい》もあります。

「理想《りそう》の友《とも》だち関係《かんけい》」にこだわらなくてもいい

「いつも一緒《いっしょ》にいられるのが友《とも》だち。そういう相手《あいて》をつくらなきゃ」と思《おも》っていると、苦《くる》しくなるものです。そこまで親《した》しくなれない相手《あいて》とも仲良《なかよ》くなろうとして、結局《けっきょく》、自分《じぶん》が我慢《がまん》することになったりします。そうなると、なんのための友《とも》だちづき合《あ》いなのか、わからなくなっていきますよね。

思春期《ししゅんき》には、いつも誰《だれ》かと交流《こうりゅう》しているフレンドリーな人間《にんげん》になろうとする人《ひと》が多《おお》いです。それこそが明《あか》るく健康的《けんこうてき》な生《い》き方《かた》だと考《かんが》えるのでしょう。

でも、あなたがしんどいと感《かん》じるなら、その理想《りそう》は手放《てばな》してOKです。**「たまにしか遊《あそ》ばないけど、あの子《こ》とは仲《なか》が良《よ》い」**という方向《ほうこう》に考《かんが》えを変《か》えると、無理《むり》なく友《とも》だちとつき合《あ》っていけるのではないでしょうか。

自分《じぶん》を大切《たいせつ》にすると友《とも》だち関係《かんけい》のモヤモヤが減《へ》る

ここまで読《よ》んで、気《き》づいた人《ひと》もいるかもしれませんが、**友《とも》だちづき合《あ》いに満《まん》足《ぞく》するには、友《とも》だちより自分《じぶん》を大切《たいせつ》にしたほうがいいん**です。「友《とも》だちのために何《なに》をすれば、いいつき合《あ》いになるか」ではなく、「自分《じぶん》はどんな友《とも》だちづき合《あ》いをしたいのか」を考《かんが》える。誰《だれ》かと趣味《しゅみ》の話《はなし》をしたいのか。一緒《いっしょ》にいたいのか。心地《ここち》よい距離感《きょりかん》はどれくらいなのか。そういうことを考《かんが》えていくと、おのずと自分《じぶん》に合《あ》う友《とも》だちづき合《あ》いも見《み》えてきます。

学校《がっこう》では同級生《どうきゅうせい》とそれなりに会話《かいわ》して過《す》ごし、授業《じゅぎょう》が終《お》わったらすぐに家《いえ》に帰《かえ》って、ゲーム友《とも》だちとオンラインで楽《たの》しくしゃべっている人《ひと》もいます。一人《ひとり》で帰宅《きたく》する姿《すがた》だけを見《み》れば、友《とも》だちがいないように見《み》えるかもしれませんが、

友《とも》だちとの距離感《きょりかん》はいろいろ

自分《じぶん》が心地《ここち》よくいられる距離感《きょりかん》はどれくらいか、考《かんが》えてみよう

その人《ひと》らしく友《とも》だちづき合《あ》いをして、生活《せいかつ》に満足《まんぞく》できているんです。

自分《じぶん》らしい友《とも》だちづき合《あ》いを広《ひろ》げるためには、「みんなと仲良《なかよ》く」よりも「自《じ》分《ぶん》が楽《たの》しく」を優先《ゆうせん》してみてください。

まとめ

「仲良《なかよ》く」よりも「楽《たの》しく」を優先《ゆうせん》したほうが、いい友《とも》だち関係《かんけい》ができるかもしれない。

悩《なや》み

03

仲《なか》のいい友《とも》だちが一人《ひとり》しかいない

「親友《しんゆう》が休《やす》みなら、早退《そうたい》したい」はある種《しゅ》の「自己防衛《じこぼうえい》」かも

友《とも》だち関連《かんれん》の悩《なや》みとして、「仲《なか》のいい友《とも》だちが少《すく》ない」という話《はなし》を聞《き》くこともあります。同《おな》じクラスに親友《しんゆう》が一人《ひとり》いて、その子《こ》とはいろいろな話《はなし》ができるけれど、それ以外《いがい》の人《ひと》とは深《ふか》い話《はなし》はできない。休《やす》み時間《じかん》は基本的《きほんてき》に親友《しんゆう》と過《す》ごしている。親友《しんゆう》と一緒《いっしょ》に行動《こうどう》できているときはいいのですが、親友《しんゆう》が学校《がっこう》を休《やす》んだりすると、とても心細《こころぼそ》く感《かん》じてしまうという悩《なや》みです。

私《わたし》が相談《そうだん》を受《う》けた人《ひと》のなかには、「親友《しんゆう》が学校《がっこう》を休《やす》んだ日《ひ》には、早退《そうたい》したくなる」という人《ひと》もいました。一人《ひとり》でいるのがつらいからといって、特《とく》に体調《たいちょう》が悪《わる》くもないのに早退《そうたい》するのは、気《き》が引《ひ》けるかもしれません。ただ、**そうやって居心地《いごこち》の悪《わる》い状況《じょうきょう》に対処《たいしょ》するのは、ある種《しゅ》の「自己防衛《じこぼうえい》」**とも考《かんが》えられます。

頼《たよ》れる親友《しんゆう》がいない状況《じょうきょう》で、不安《ふあん》を強《つよ》く感《かん》じて、自分《じぶん》の身《み》を守《まも》るために、どこか本能的《ほんのうてき》に「早退《そうたい》」という選択《せんたく》を求《もと》めている可能性《かのうせい》がある、ということです。**一人《ひとり》ぼっちだと感《かん》じたとき、その場《ば》から逃《に》げ出《だ》したいと思《おも》うことは、おかしなことではありません。**「弱《よわ》い人間《にんげん》だ」と自分《じぶん》を責《せ》めないでください。「ここにいたくない」と感《かん》じる自分《じぶん》を許《ゆる》してもいいんです。

友《とも》だちづき合《あ》いは「運《うん》」で決《き》まることもある

こんなことを言《い》っては身《み》も蓋《ふた》もないのですが、誰《だれ》と仲良《なかよ》くなるかは、運《うん》で決《き》まってしまうようなところもあります。だから、気《き》の合《あ》う相手《あいて》がたくさんいない環境《かんきょう》になったときには「運《うん》がよくなかっただけ」と考《かんが》えて、自分《じぶん》を責《せ》めないようにしましょう（この「友《とも》だち運《うん》」に関《かん》する話《はなし》は、第《だい》2章《しょう》の60ページでもくわしく説明《せつめい》しています）。

また、「友《とも》だちが一人《ひとり》しかいない」という悩《なや》みに対《たい》して、まわりの大人《おとな》から「もっといろんな人《ひと》に積極的《せっきょくてき》に話《はな》しかけに行《い》ったら？」「ほかの人《ひと》にも興味《きょうみ》を持《も》ちなよ」などとアドバイスされることもあるかもしれません。

でも自分《じぶん》の気持《きも》ちが向《む》かなければ、無理《むり》に行動《こうどう》を起《お》こす必要《ひつよう》はありません。学校《がっこう》では今《いま》いる一人《ひとり》の友《とも》だちといつも通《どお》り過《す》ごし、友《とも》だち運《うん》が巡《めぐ》ってくるのを待《ま》つのも一《ひと》つの方法《ほうほう》です。

まとめ

友《とも》だちづき合《あ》いは、運《うん》で決《き》まるようなところがある。気《き》の合《あ》う相手《あいて》がいないとき、無理《むり》に誰《だれ》かと仲良《なかよ》くしなくてもいい。

悩《なや》んでいるけど、友《とも》だちにも言《い》えない

悩《なや》み
04

「悩《なや》んでいる自分《じぶん》」を人《ひと》に見《み》せるのは、簡単《かんたん》ではない

「自分《じぶん》には、なんでも話《はな》せるような親友《しんゆう》は一人《ひとり》もいない」と相談《そうだん》を受《う》けることもあります。悩《なや》みごとを誰《だれ》かに聞《き》いてもらいたいけど、本心《ほんしん》を打《う》ち明《あ》けられる相手《あいて》がいない。そんなふうに一人《ひとり》で抱《かか》え込《こ》んでしまうのは、苦《くる》しいものです。

「悩《なや》んでいる自分《じぶん》」を人《ひと》に見《み》せるのは、簡単《かんたん》なことではありません。相手《あいて》の反《はん》応《のう》がわからないから、悩《なや》みを打《う》ち明《あ》けるときには勇気《ゆうき》がいりますよね。自分《じぶん》の弱《よわ》さを見《み》せるようで、恥《は》ずかしく感《かん》じることもあるでしょう。

思《おも》い切《き》って話《はな》してみても、ときには相手《あいて》に笑《わら》われたり、引《ひ》かれてしまったり。過去《かこ》にそんな経験《けいけん》をしたことがある人《ひと》は、同級生《どうきゅうせい》に対《たい》して「なんでも話《はな》してみよう」という気持《きも》ちにはなれないかもしれません。

「相談相手《そうだんあいて》がいない」という人《ひと》は けっこう多《おお》い

ただ案外《あんがい》、**悩《なや》みを打《う》ち明《あ》けられるような親友《しんゆう》が見《み》つからないというのは、珍《めずら》しいことではない**んです。

悩《なや》み03にも書《か》きましたが、友《とも》だち関係《かんけい》は運《うん》で決《き》まるところもあります。大人《おとな》がこんなことを言《い》うのはよくないかもしれませんが、「親友《しんゆう》がほしい」と思《おも》っていても、できないときはできません。

そういうときは、「親友《しんゆう》に相談《そうだん》すること」にこだわらず、**同級生《どうきゅうせい》と普段《ふだん》の会《かい》話《わ》を繰《く》り返《かえ》しながら相談相手《そうだんあいて》を探《さが》すこと**をおすすめします。そうしていると、ふとした瞬間《しゅんかん》に「この人《ひと》は話《はな》しやすい」と感《かん》じることが出《で》てきます。そう感《かん》じる相手《あいて》が見《み》つかったとき、相談《そうだん》してみるのはどうでしょうか。

友《とも》だちが無理《むり》なら話《はな》しやすい大人《おとな》に頼《たよ》ってもいい

それでも、「心《こころ》を開《ひら》ける友《とも》だちがなかなか見《み》つからない」という人《ひと》は、いまは親《おや》や先生《せんせい》などの大人《おとな》を頼《たよ》るのもいいでしょう。いつか相談相手《そうだんあいて》にふさわしい同世代《どうせだい》の人《ひと》に出会《であ》える日《ひ》もくると思《おも》いますが、それまでは大人《おとな》を頼《たよ》ってみる。そういう考《かんが》え方《かた》もあります。

「親《おや》も先生《せんせい》もそこまで親《した》しくない」という場合《ばあい》は、**「仲《なか》の良《よ》さ」ではなく「話《はな》しやすさ」に重点《じゅうてん》を置《お》いて探《さが》してみるのはどうでしょうか。**相談《そうだん》は距離感《きょりかん》が近《ちか》い人《ひと》にしかできないものではありません。そうやって発想《はっそう》を少《すこ》し変《か》えてみると、「ひんぱんに会《あ》うわけじゃないけど、話《はな》しやすい保健室《ほけんしつ》の先生《せんせい》」なども候補《こうほ》の一人《ひとり》に挙《あ》がってくる可能性《かのうせい》があります。

相談《そうだん》するなら「立《た》ち止《ど》まって話《はなし》を聞《き》いてくれる人《ひと》」

悩《なや》みを相談《そうだん》するのが苦手《にがて》な人《ひと》は、「自分《じぶん》ごときの話《はなし》を聞《き》いてくれる人《ひと》なんていない」「こんなことで悩《なや》んで、人《ひと》を頼《たよ》ってはいけない」と思《おも》っていたりします。でも、世《よ》の中《なか》には良心的《りょうしんてき》な人《ひと》がけっこういて、そういう人《ひと》は誰《だれ》かから真剣《しんけん》に相談《そうだん》されたら、きちんと話《はなし》を聞《き》こうとするものです。

いい相談相手《そうだんあいて》を探《さが》すコツを紹介《しょうかい》しましょう。**ちょっと話《はな》しかけたとき、あなたの話《はなし》を立《た》ち止《ど》まって聞《き》いてくれるかをチェックする**んです。そのとき、作業《さぎょう》をしながら目《め》を合《あ》わせずに答《こた》える人《ひと》より、手《て》を止《と》めてこちらを見《み》て答《こた》えてくれる人《ひと》のほうが、いい相談相手《そうだんあいて》になる可能性《かのうせい》があります。そういう人《ひと》に軽《かる》い相談《そうだん》をして受《う》け止《と》めてくれたなら、もっと重《おも》い相談《そうだん》をしてみてもいいと思《おも》います。

まとめ

「なんでも話《はな》せる親友《しんゆう》」がいないのは、珍《めずら》しいことじゃない。友《とも》だちにこだわらず、親《おや》や先生《せんせい》に相談《そうだん》するのもいいかも。

- 目《め》を合《あ》わせない
- 作業《さぎょう》をしながら聞《き》いている
- 返事《へんじ》がなげやり、もしくは自分《じぶん》の話《はなし》が多《おお》い

- 目《め》を合《あ》わせている
- 立《た》ち止《ど》まって聞《き》いている
- しっかり返事《へんじ》をして、一緒《いっしょ》に考《かんが》えてくれる

あなたにとって相談《そうだん》しやすい相手《あいて》を探《さが》してみよう

悩《なや》み
05

部活《ぶかつ》や係《かかり》の仕事《しごと》を引《ひ》き受《う》けすぎる

がんばりすぎて体調《たいちょう》を崩《くず》してしまう人《ひと》もいる

友《とも》だち関連《かんれん》では、「頼《たの》まれごとを断《ことわ》れない」という悩《なや》みも多《おお》いです。本人《ほんにん》が自分《じぶん》から言《い》い出《だ》すことは少《すく》ないのですが、話《はなし》を聞《き》いているうちに「この子《こ》は頼《たの》まれごとを引《ひ》き受《う》けすぎて苦《くる》しくなっている」とわかってくる場合《ばあい》があります。「断《ことわ》れない」というよりは「がんばりすぎてしまう」悩《なや》みですね。

本人《ほんにん》は「できる」と思《おも》って引《ひ》き受《う》けますが、実際《じっさい》には限界《げんかい》を超《こ》えていて、ストレスで睡眠不足《すいみんぶそく》になったり、食欲《しょくよく》が落《お》ちたりします。「みんなの役《やく》に立《た》ちたい」と思《おも》っている人《ひと》を引《ひ》き止《と》めるのは難《むずか》しいのですが、体調《たいちょう》が崩《くず》れてきたときには、必《かなら》ず休息《きゅうそく》が必要《ひつよう》です。**がんばることがいけないというわけではないのですが、どこからが「がんばりすぎ」なのかを知《し》っておくことは大切《たいせつ》だと思《おも》います。**

友《とも》だちとの関係《かんけい》が「お互《たが》い様《さま》」かどうかを意識《いしき》しよう

友《とも》だちからの期待《きたい》に応《こた》えようとがんばりすぎて、「眠《ねむ》れない」「食《た》べられない」といった体調《たいちょう》の変化《へんか》が出《で》てきているのであれば、明《あき》らかに休息《きゅうそく》が必要《ひつよう》なサインです。頼《たの》まれごとは断《ことわ》って、自分《じぶん》の時間《じかん》を確保《かくほ》しましょう。

ただ、体調《たいちょう》に影響《えいきょう》が表《あらわ》れていなくても、知《し》らず知《し》らずのうちにストレスがたまっていくこともあります。そういうときは、友《とも》だちとの関係《かんけい》が「お互《たが》い様《さま》」の関係《かんけい》になっているかを意識《いしき》してみてください。

部活《ぶかつ》が忙《いそが》しい友《とも》だちの代《か》わりに何度《なんど》も掃除当番《そうじとうばん》を引《ひ》き受《う》けたけど、自分《じぶん》が頼《たの》んだら、同《おな》じように引《ひ》き受《う》けてくれるのか。テスト前《まえ》にいつもノートを貸《か》してと頼《たの》んでくる友《とも》だちは、自分《じぶん》の苦労《くろう》に気《き》づいてくれているのか。**「がんばってい**

るのはいつも自分《じぶん》だけ」という状況《じょうきょう》であれば、断《ことわ》ることも考《かんが》えましょう。

友《とも》だち関係《かんけい》は、基本的《きほんてき》には「お互《たが》い様《さま》」でなければ成《な》り立《た》ちません。自分《じぶん》が相手《あいて》のために何《なに》かをする代《か》わりに、自分《じぶん》も相手《あいて》から何《なに》か得《え》るものがあるから、友《とも》だちづき合《あ》いは続《つづ》くんです。

あなたは友《とも》だちと対等《たいとう》につき合《あ》えていますか？　この質問《しつもん》にどこかひっかかる部分《ぶぶん》があったら、一度《いちど》友《とも》だちとの関係《かんけい》を見直《みなお》したほうがいいかもしれません。

「誰《だれ》かの役《やく》に立《た》ちたい」と思《おも》うのは、がんばりすぎ？

なかには「誰《だれ》かに喜《よろこ》んでもらえるのが幸《しあわ》せ」と考《かんが》える人《ひと》や「人《ひと》の話《はなし》を聞《き》くのは好《す》き」という人《ひと》もいます。そういう人《ひと》の場合《ばあい》、誰《だれ》かにものごとを頼《たの》む回数《かいすう》よりも、頼《たの》まれる回数《かいすう》のほうが多《おお》くなりがちです。外《そと》から見《み》れば対等《たいとう》な関係《かんけい》には見《み》えなくても、二人《ふたり》の間《あいだ》で「お互《たが》い様《さま》」が成《な》り立《た》っているのであればそれでもかまいません。例《たと》えば、友《とも》だちはいつも恋愛《れんあい》の話《はなし》をしたいタイプで、自分《じぶん》はその話《はなし》を聞《き》いているのが楽《たの》しいという場合《ばあい》などです。話《はな》す量《りょう》は友《とも》だちのほうが多《おお》くても、相手《あいて》が「こんなに話《はなし》を聞《き》いてもらって、ありがたい」と考《かんが》えていれば、相手《あいて》からも「何《なに》かあったら言《い》ってね」「いつでも話《はなし》を聞《き》くからね」などと言《い》ってくるものです。

いろいろ含《ふく》めて、トータルで対等《たいとう》な関係《かんけい》になっていればいい

相手《あいて》も自分《じぶん》のために何《なに》かをしてくれるのだから、自分《じぶん》も何《なに》かを返《かえ》す。この子《こ》

から頼《たの》まれたら、引《ひ》き受《う》けたい。自分《じぶん》も困《こま》ったときには、この子《こ》に頼《たよ》りたい。そう思《おも》える相手《あいて》なら、がんばってもいいでしょう。

ただし、自分《じぶん》の体調《たいちょう》が崩《くず》れていないか、相手《あいて》との関係《かんけい》が崩《くず》れていないかどうかも、意識《いしき》するようにしてください。

どちらかががんばりすぎている場合《ばあい》はつき合《あ》い方《かた》を見直《みなお》したほうがいいかも？

まとめ

友《とも》だちとの関係《かんけい》は「お互《たが》い様《さま》」の関係《かんけい》。そんなふうに意識《いしき》すると、ほどよい距離感《きょりかん》でつき合《あ》える。

悩《なや》み
06

どこのグループにも入《はい》れない

グループを組《く》む場面《ばめん》で どこにも入《はい》れず残《のこ》ってしまう

学校生活《がっこうせいかつ》では、少人数《しょうにんずう》でグループを組《く》む場面《ばめん》がよくあります。例《たと》えば休《やす》み時間《じかん》に遊《あそ》ぶときや、ちょっとおしゃべりをするとき。それから授業中《じゅぎょうちゅう》に数名《すうめい》で班《はん》をつくることもありますね。行事《ぎょうじ》で「班行動《はんこうどう》」をすることもあります。

そういう場面《ばめん》で、うまくグループに入《はい》れなくて困《こま》っているという悩《なや》みもよく聞《き》きます。特《とく》に多《おお》いのが、**「小《ちい》さい頃《ころ》はグループに入《はい》れていたけど、だんだん入《はい》れなくなってきた」**という悩《なや》みです。みんなが数名《すうめい》ずつ分《わ》かれていくときに、自分《じぶん》だけ最後《さいご》まで残《のこ》ってしまう。最後《さいご》にどこかのグループに入《はい》っても、何《なに》かしゃべると、場《ば》がしらけることがある。グループに溶《と》け込《こ》めなくて、悩《なや》んでいる人《ひと》がけっこう多《おお》いんです。

どうして年齢《ねんれい》が上《あ》がると
グループ活動《かつどう》が難《むずか》しくなるのか

小学校低学年《しょうがっこうていがくねん》くらいの頃《ころ》は、多《おお》くの子《こ》が「みんなで仲良《なかよ》くしよう」と純粋《じゅんすい》に思《おも》っているものですよね。休《やす》み時間《じかん》に、誰《だれ》とでも仲良《なかよ》く遊《あそ》べたりします。それが小学校高学年《しょうがっこうこうがくねん》くらいになると、「みんなで仲良《なかよ》くというよりも気《き》の合《あ》う友《とも》だちと遊《あそ》びたい」という考《かんが》え方《かた》になっていきます。

思春期《ししゅんき》の友《とも》だちづき合《あ》いは、基本的《きほんてき》に「狭《せま》く深《ふか》く」なっていきます。小《ちい》さなグループをつくったり、親《した》しい相手《あいて》と濃密《のうみつ》なつき合《あ》いをするようになる。気《き》の合《あ》う人《ひと》・合《あ》わない人《ひと》の違《ちが》いに敏感《びんかん》になり、つき合《あ》う相手《あいて》を選《えら》んだりするんです。

そんななかで、思春期特有《ししゅんきとくゆう》の変化《へんか》に気《き》づきにくい人《ひと》が、まわりの人《ひと》との違《ちが》いに戸惑《とまど》うのも自然《しぜん》なことだと思《おも》います。

違《ちが》いに気《き》づきやすい人《ひと》もいれば気《き》づきにくい人《ひと》もいる

世《よ》の中《なか》には、自分《じぶん》が場《ば》の雰囲気《ふんいき》と違《ちが》うことをしたとき、すぐに気《き》づく人《ひと》もいれば、なかなか気《き》づかない人《ひと》もいます。「雰囲気《ふんいき》の変化《へんか》に気《き》づきにくい」というと、カンが鈍《にぶ》いような印象《いんしょう》を持《も》つかもしれませんが、これは必《かなら》ずしもネガティブなことではありません。ポジティブな見方《みかた》をすれば「人《ひと》に流《なが》されない」「ブレない」ということでもあります。

雰囲気《ふんいき》を気《き》にしないタイプの人《ひと》は、グループの会話《かいわ》ですれ違《ちが》うことがよくあります。「自分《じぶん》の話《はなし》だけをして、相手《あいて》の話《はなし》を聞《き》かない」「話《はなし》に変《へん》なツッコミを入《い》れて、会話《かいわ》を止《と》めてしまう」といったことが起《お》こりがち。そういう場面《ばめん》に心当《こころあ》たりがある人《ひと》は、自分《じぶん》が過《す》ごしやすくなるために、グループ活動《かつどう》の仕方《しかた》を少《すこ》し調整《ちょうせい》したほうがいいかもしれません。

気《き》づきにくいタイプなら人《ひと》の力《ちから》を借《か》りよう

相談《そうだん》できる相手《あいて》がいれば、アドバイスをもらうこともおすすめです。相手《あいて》は大人《おとな》でも、同年代《どうねんだい》の人《ひと》でもかまいません。スポーツでも、得意《とくい》な人《ひと》から「いまはパスをしたほうがよかった」とアドバイスをもらうことがありますよね。それと同《おな》じです。

自分《じぶん》では気《き》づけないことを、まわりの人《ひと》に教《おし》えてもらう。場《ば》の雰囲気《ふんいき》に気《き》づきにくいタイプなら、一人《ひとり》で雰囲気《ふんいき》をつかもうとしないで、人《ひと》の力《ちから》を借《か》りる。それも一《ひと》つのやり方《かた》です。

まとめ

グループ活動《かつどう》はだんだん難《むずか》しくなっていくもの。
人《ひと》の力《ちから》を借《か》りられそうなら、フォローをお願《ねが》いしてもいいかも。

人《ひと》の力《ちから》を借《か》りるシミュレーション

頼《たの》み方《かた》の例《れい》

- 「会話《かいわ》がうまくいかないときはアドバイスをもらうかも」
- 「ときどき、話《はなし》についていけないことがあるから、説明《せつめい》してくれるとすごく助《たす》かる」
- 「僕《ぼく》・私《わたし》が話《はな》しすぎちゃっているときは、背中《せなか》をトントン叩《たた》いてほしいな」

ほしいフォローの例《れい》

- 「いまの話《はなし》、わかった？」
- 「さっきの話《はなし》はこういう言《い》い方《かた》をするとよかったと思《おも》うよ」
- 「あの人《ひと》が伝《つた》えたかったことは○○だよ」

自分《じぶん》がほしいフォローは何《なん》なのか、どんなふうに頼《たの》めばいいのかシミュレーションしてみよう

悩《なや》み
07

なぜか急《きゅう》にグループからはぶられた

何《なに》もしていないのに仲間外《なかまはず》れにされてしまう

友《とも》だちづき合《あ》いというのは不思議《ふしぎ》なもので、特《とく》に問題《もんだい》なくうまくいっていた関係《かんけい》が、ある日突然《ひとつぜん》ガラガラと崩《くず》れ出《だ》すことがあります。

例《たと》えば、仲良《なかよ》しグループだったのに、あるときから急《きゅう》に外《はず》される。そういうことが、思春期《ししゅんき》にはときどき起《お》こります。

そういう出来事《できごと》が起《お》きると、仲間外《なかまはず》れにされた側《がわ》は当然《とうぜん》、ショックを受《う》けますよね。「どうして？」「自分《じぶん》の何《なに》が悪《わる》かったの？」と困惑《こんわく》します。思《おも》い当《あ》たることがあれば、「あれがよくなかったな」と気《き》づけますが、いくら考《かんが》えても理《り》由《ゆう》がわからないということもあります。なかには、理由《りゆう》を探《さが》し当《あ》ててもまったく納得《なっとく》できないものだったりすることもあるでしょう。

外《はず》された理由《りゆう》を探《さが》しても
わからないかも

私《わたし》は、友《とも》だちづき合《あ》いのすれ違《ちが》いは、相手《あいて》に理由《りゆう》を聞《き》いても解決《かいけつ》しないことがあると思《おも》っています。なぜなら、特《とく》に明確《めいかく》な理由《りゆう》がないことも多《おお》いからです。思春期《ししゅんき》の友《とも》だちづき合《あ》いというのは、見《み》た目《め》やノリ、雰囲気《ふんいき》などで決《き》まってしまうことも多《おお》いもの。それは「動物的《どうぶつてき》なカン」のようなもので、論理的《ろんりてき》な話《はなし》ではなかったりします。

友《とも》だちづき合《あ》いがうまくいかないと、「どこが悪《わる》かったんだろう」と不安《ふあん》に思《おも》うこともあるでしょう。でも、お互《たが》いに何《なに》も悪《わる》くなくても、つき合《あ》いが途切《とぎ》れる場合《ばあい》もあることを覚《おぼ》えておいてください。理由《りゆう》が思《おも》い当《あ》たらないときや、相手《あいて》が話《はな》す理由《りゆう》に納得《なっとく》できないとき、「自分《じぶん》が悪《わる》いわけじゃないのかも」と考《かんが》えてもいいんです。そしてこれを機《き》に、別《べつ》の友《とも》だちとのつき合《あ》いに気《き》持《も》ちを切《き》り替《か》えていくのもいいのかもしれません。

友《とも》だちづき合《あ》いのさまざまな要素《ようそ》

人間的《にんげんてき》な相性《あいしょう》

- 話題《わだい》が合《あ》う
- 共通《きょうつう》の趣味《しゅみ》がある
- 部活《ぶかつ》が同《おな》じ

動物的《どうぶつてき》な相性《あいしょう》

- ノリが合《あ》う
- 見《み》た目《め》が似《に》ている
- 雰囲気《ふんいき》が近《ちか》い

友《とも》だちづき合《あ》いは「ノリ」「見《み》た目《め》」「雰《ふん》囲気《いき》」などの“動物的《どうぶつてき》なカン”に左右《さゆう》されることも

まとめ

友《とも》だち関係《かんけい》は案外《あんがい》「動物的《どうぶつてき》なカン」で途切《とぎ》れることもある。理由《りゆう》を探《さが》しても見《み》つからないときは、切《き》り替《か》えたほうがいいかも。

友《とも》だち関係《かんけい》は「運《うん》」で決《き》まるところもある

この章《しょう》では、友《とも》だち関係《かんけい》の悩《なや》みとともに、悩《なや》みごとのとらえ方《かた》や対処法《たいしょほう》も解《かい》説《せつ》しました。そのなかで書《か》いた「友《とも》だち関係《かんけい》は、運《うん》で決《き》まるところもある」について改《あらた》めてくわしくお伝《つた》えします。

大人《おとな》はよく子《こ》どもたちに「友《とも》だちをたくさんつくろう」「みんなで仲良《なかよ》く」と語《かた》りかけますが、友《とも》だちというのは、増《ふ》えるときもあれば、そんなに増《ふ》えないときもあります。人《ひと》づき合《あ》いには巡《めぐ》り合《あ》わせがあるからです。それは、自分《じぶん》の努力《どりょく》だけでどうにかできるものではありません。

友《とも》だちができるかどうかというのは生活《せいかつ》の結果《けっか》であって、目標《もくひょう》ではないんです。ですから、大人《おとな》の理想《りそう》に従《したが》って、「みんなで仲良《なかよ》く」という目標《もくひょう》を持《も》って過《す》ごすことは、やめても大丈夫《だいじょうぶ》です。それよりもまずは「自分《じぶん》が楽《たの》しく」過《す》ごすことを大事《だいじ》にしましょう。

大吉《だいきち》の年《とし》もあれば大凶《だいきょう》の年《とし》もある

学校生活《がっこうせいかつ》を過《す》ごしていると、気《き》の合《あ》う人《ひと》が多《おお》いクラスに入《はい》れることもあれば、友《とも》だちが誰一人《だれひとり》いないクラスに入《はい》ってしまうこともあるでしょう。おみくじを引《ひ》いて、大吉《だいきち》が出《で》る年《とし》もあれば、大凶《だいきょう》が出《で》てしまう年《とし》もある。それと似《に》ています。

私《わたし》たちは、うまくいかないことがあると「何《なに》が悪《わる》かったのか」を考《かんが》えてしまいます。その結果《けっか》、「自分《じぶん》のせいだ」と思《おも》ってしまう人《ひと》も多《おお》いでしょう。でも、友《とも》だち関係《かんけい》がうまくいくかどうかは、あなたのせいではなく、おみくじのようにコントロールできないものでもあるのです。

運《うん》が向《む》かないときはあせらないほうがいい

この章《しょう》では、友《とも》だちや親友《しんゆう》をつくろうとしてあせらないで、ゆっくりやっていけばいいという話《はなし》もしました。

運《うん》が向《む》かないときにあせって友《とも》だちをつくろうとすると、相手《あいて》に合《あ》わせすぎて無理《むり》をしてしまうことがあります。興味《きょうみ》のない話題《わだい》に話《はなし》を合《あ》わせたり、本当《ほんとう》はやりたくない部活《ぶかつ》に入《はい》ったり。でも、そうやって**無理《むり》やり友《とも》だちをつくっても、結果的《けっかてき》にあまりいいつき合《あ》いにはならない**ことも多《おお》いものです。

話《はな》しやすい相手《あいて》や一緒《いっしょ》に過《す》ごしたい相手《あいて》が特《とく》にいないときには、自分《じぶん》を大事《だいじ》にして、しばらく一人《ひとり》でいるというのも一《ひと》つの考《かんが》え方《かた》です。

自分《じぶん》らしくしていると じつは運《うん》も向《む》いてくる

自分《じぶん》の好《す》きなことややりたいこと、自分《じぶん》のペースを大事《だいじ》にしながら、まわりの人《ひと》と無理《むり》のない形《かたち》で交流《こうりゅう》をしていく。そういう日々《ひび》を過《す》ごしていると、ふとしたきっかけで、誰《だれ》かと仲良《なかよ》くなれることがあります。

例《たと》えば、同級生《どうきゅうせい》との何気《なにげ》ない会話《かいわ》のなかで、趣味《しゅみ》が同《おな》じだと気《き》づいて、友《とも》だちになることがありますよね。おそらくその人《ひと》は、あなたの好《す》きなことに理解《りかい》を示《しめ》してくれるでしょう。お互《たが》いに、無理《むり》に話《はなし》を合《あ》わせなくても、楽《たの》しく会話《かいわ》ができるのではないでしょうか。
早《はや》く友《とも》だちをつくろうとして、それほど興味《きょうみ》のないことに首《くび》を突《つ》っ込《こ》んでいても、あまりいい出会《であ》いはないんですよね。苦手《にがて》なタイプの人《ひと》と、うっかり友《とも》だちになってしまったりする。それよりも、**自分《じぶん》らしく過《す》ごして毎日《まいにち》を楽《たの》しんでいたほうが、運《うん》も向《む》いてくる**のではないかと思《おも》います。

まとめ

友《とも》だちとは、運《うん》がよければできるもの。
いい友《とも》だち運《うん》をつかむコツは、自分《じぶん》を大事《だいじ》にすること！

第《だい》3章《しょう》

「努力《どりょく》」ってなんだろう

練習《れんしゅう》してもうまくできないのは努力《どりょく》が足《た》りないから？

体育《たいいく》の授業《じゅぎょう》で、苦手《にがて》ななわとびの練習《れんしゅう》をしなければいけないとき。クラスには二重《にじゅう》とびができている人《ひと》もたくさんいるのに、自分《じぶん》はまだ前《まえ》とびすら5回以《かいい》上続《じょうつづ》かない。放課後《ほうかご》に一人《ひとり》で練習《れんしゅう》してもまったくうまくならず、むしろ疲《つか》れてつまずく回数《かいすう》が増《ふ》えるばかり……。そんなことがあると、「どうして自分《じぶん》だけ」と思《おも》ってしまいますよね。「練習《れんしゅう》が足《た》りないんだ」「もっと努力《どりょく》しなきゃ」と自《じ》分《ぶん》を責《せ》めて、つらい思《おも》いをした人《ひと》もいるかもしれません。

確《たし》かに、練習《れんしゅう》を繰《く》り返《かえ》すことによって習得《しゅうとく》できる場合《ばあい》もあります。しかし、どなかには一生懸命《いっしょうけんめい》やってもうまくいかないこともあります。「努力《どりょく》すれば、どんな壁《かべ》も必《かなら》ず乗《の》り越《こ》えられる」というセリフはよく聞《き》きますが、実際《じっさい》にはそうともかぎりません。

一生懸命《いっしょうけんめい》やってもできなかったとき、その人《ひと》の努力不足《どりょくぶそく》だとは私《わたし》は思《おも》いません。人間《にんげん》には、得意不得意《とくいふとくい》があるからです。何《なに》もかもが得意《とくい》な人《ひと》なんていません。人《ひと》それぞれ、少《すこ》しの練習《れんしゅう》で身《み》につくこともあれば、繰《く》り返《かえ》し練習《れんしゅう》しても身《み》につきにくいこともあります。

不得意《ふとくい》なことに向《む》き合《あ》わないのは「逃《に》げ」だとか「かっこ悪《わる》い」というイメージもあるかもしれません。ただ、不得意《ふとくい》なことを無理《むり》して続《つづ》けていると、得意《とくい》なことが消《き》えてしまう場合《ばあい》もあります。だからこそ、**不得意《ふとくい》を克服《こくふく》することよりも、得意《とくい》を伸《の》ばすことに切《き》り替《か》えてみる。**そうすると、いろいろなことを努《ど》力《りょく》しやすくなります。どうして得意《とくい》を伸《の》ばすことがそんなに重要《じゅうよう》なのか。それはこのあと、「努力《どりょく》」にまつわるさまざまな悩《なや》みを紹介《しょうかい》しながら、説明《せつめい》していきましょう。

悩《なや》み 08

遅刻《ちこく》や忘《わす》れ物《もの》が多《おお》くて叱《しか》られる

気《き》をつけていても 遅刻《ちこく》や忘《わす》れ物《もの》をしてしまう

「一生懸命《いっしょうけんめい》やってもできない」という悩《なや》みでよく相談《そうだん》されるのは、遅刻《ちこく》や忘《わす》れ物《もの》の話《はなし》です。親《おや》や先生《せんせい》からいつも注意《ちゅうい》されるから気《き》をつけてはいるけど、なかなか直《なお》せない。そういう話《はなし》をよく聞《き》きます。

おそらくこの本《ほん》を読《よ》んでいるみなさんのなかにも、遅刻《ちこく》や忘《わす》れ物《もの》の問題《もんだい》がなかなか解決《かいけつ》できなくて、悩《なや》んでいるという人《ひと》もいるでしょう。

遅刻《ちこく》や忘《わす》れ物《もの》を繰《く》り返《かえ》す人《ひと》は、親《おや》や先生《せんせい》から何度《なんど》も叱《しか》られている場合《ばあい》が多《おお》いです。そういう人《ひと》は、**どうしても直《なお》せない自分《じぶん》の苦手《にがて》なところを繰《く》り返《かえ》し指摘《してき》されるため、自己否定的《じこひていてき》になってしまいがちです。**自分《じぶん》のことを「ダメなやつ」だと思《おも》ってしまうんですね。

遅刻《ちこく》していないとき忘《わす》れ物《もの》をしていないときを思《おも》い出《だ》そう

でも、本当《ほんとう》に「ダメなやつ」なんでしょうか。私《わたし》はそういう人《ひと》に出会《であ》ったら、「あなたは毎日《まいにち》、どんな用事《ようじ》でも遅刻《ちこく》していますか？」「スマホや財布《さいふ》のような大事《だいじ》なものも、全部忘《ぜんぶわす》れていますか？」と聞《き》くようにしています。

すると、どの人《ひと》も大抵《たいてい》「部活《ぶかつ》にはちゃんと出《で》ている」「スマホは忘《わす》れていない」といったことを答《こた》えます。**遅刻《ちこく》しないで間《ま》に合《あ》っている用事《ようじ》も、忘《わす》れずに持《も》っていくものもあるんです。**さらに聞《き》いてみれば、「遅刻《ちこく》も忘《わす》れ物《もの》もしない日《ひ》もある」ということがわかったりもします。

それはつまり、「やればできる」ということですよね。「何度言《なんどい》われてもできない」とか「自分《じぶん》はダメ」だなんて、思《おも》う必要《ひつよう》はないんです。

やればできるタイプは「いつでも完璧《かんぺき》」を目指《めざ》さないほうがよい

完璧《かんぺき》ではないかもしれない。でも、いつもダメなわけではなく、やればできる。「自分《じぶん》はダメなやつだ」という考《かんが》えに飲《の》み込《こ》まれる前《まえ》に、まずはその事実《じじつ》を受《う》け止《と》めましょう。ただし、だからといって**「やればできるなら、毎日《まいにち》できるようにしよう」と欲張《よくば》らないことが大事《だいじ》です。**

「やればできる」タイプの人《ひと》には、本番《ほんばん》に強《つよ》い人《ひと》が多《おお》いです。「ここぞ」というときには集中《しゅうちゅう》して取《と》り組《く》めるけど、ずっと集中《しゅうちゅう》しているのは苦手《にがて》ということですね。そういう人《ひと》は、気《き》を張《は》っていると本番《ほんばん》の前《まえ》に疲《つか》れてしまって、大事《だいじ》な場面《ばめん》で本当《ほんとう》の実力《じつりょく》を発揮《はっき》できないことがあります。

例《たと》えば、毎日《まいにち》の遅刻《ちこく》やささいな失敗《しっぱい》ばかりを気《き》にして自信《じしん》を失《うしな》った結果《けっか》、大《だい》好《す》きだった部活《ぶかつ》も楽《たの》しめなくなってしまった。そんなことが起《お》きたら、とてももったいないですよね。もしも自分《じぶん》が「本番《ほんばん》タイプ」だと感《かん》じるのなら、ある程度開《ていどひら》き直《なお》って、多少《たしょう》のミスは気《き》にしないようにするのがいいと思《おも》います。

もし、自分《じぶん》は開《ひら》き直《なお》っても、まわりの人《ひと》に何《なに》か言《い》われてしまう、という場合《ばあい》は次《つぎ》の項目《こうもく》の悩《なや》み09の内容《ないよう》も参考《さんこう》にしてみてください。

自分《じぶん》の長所《ちょうしょ》を生《い》かすために、遅刻《ちこく》や忘《わす》れ物《もの》にはある程度《ていど》、目《め》をつぶる。あれもこれもできる完璧《かんぺき》な自分《じぶん》は目指《めざ》さない。そんなふうに意識《いしき》を切《き》り替《か》えてみると、ストレスが減《へ》って、遅刻《ちこく》や忘《わす》れ物《もの》がそれまで以上《いじょう》には増《ふ》えなくなり、楽《らく》になることもあるんです。

「急《きゅう》に開《ひら》き直《なお》るのは難《むずか》しい」という場合《ばあい》は、左《ひだり》ページの表《ひょう》をヒントにしてみてください。短所《たんしょ》と長所《ちょうしょ》は表裏一体《ひょうりいったい》です。自分《じぶん》の特徴《とくちょう》をポジティブにとらえる考《かんが》え方《かた》を身《み》につけましょう。

まとめ

遅刻《ちこく》や忘《わす》れ物《もの》が多少《たしょう》あっても、大事《だいじ》なときに力《ちから》を発揮《はっき》できればＯＫ、と開《ひら》き直《なお》ってみよう。

自分《じぶん》の特徴《とくちょう》を短所《たんしょ》ではなく長所《ちょうしょ》としてとらえる

短所《たんしょ》（ネガティブな見方《みかた》）		長所《ちょうしょ》（ポジティブな見方《みかた》）
普段《ふだん》、気《き》が抜《ぬ》けている	➡	本番《ほんばん》に強《つよ》い
落《お》ち着《つ》きがない	➡	行動力《こうどうりょく》がある
人《ひと》の言《い》うことを聞《き》かない	➡	意見《いけん》がブレない
話《はなし》がとっちらかる	➡	発想《はっそう》が豊《ゆた》か
大雑把《おおざっぱ》	➡	おおらか
ペースが遅《おそ》い	➡	落《お》ち着《つ》いている
怒《おこ》りっぽい	➡	責任感《せきにんかん》が強《つよ》い
こだわりが強《つよ》い	➡	信念《しんねん》がある

とらえ方《かた》を変《か》えるだけで、自分《じぶん》に自信《じしん》が持《も》てるようになるかも

悩《なや》み
09

親《おや》や先生《せんせい》に「片付《かたづ》けなさい」と言《い》われる

片付《かたづ》けが苦手《にがて》で いつも机《つくえ》が散《ち》らかっている

「片付《かたづ》け」に関《かん》する相談《そうだん》も多《おお》いですね。家庭《かてい》でも学校《がっこう》でも、自分《じぶん》の机《つくえ》のまわりを片付《かたづ》けられない。机《つくえ》の上《うえ》や引《ひ》き出《だ》しの中《なか》がいつも散《ち》らかっている。遅刻《ちこく》や忘《わす》れ物《もの》と同《おな》じように、大人《おとな》からは何度《なんど》も注意《ちゅうい》されていて、自分《じぶん》でも片付《かたづ》けようと思《おも》っているけれど、なかなか改善《かいぜん》できないという悩《なや》みです。

片付《かたづ》けが苦手《にがて》な人《ひと》は、まったく片付《かたづ》けないのかというと、そうではありません。ときには思《おも》い立《た》って、道具《どうぐ》をすべてしまい、きれいに整理整頓《せいりせいとん》することもあります。でも、がんばって片付《かたづ》けても、しばらくたつとまた散《ち》らかってしまう。片付《かたづ》いた状態《じょうたい》を維持《いじ》することが難《むずか》しいんですね。そういうタイプの人《ひと》は、どうやって整理整頓《せいりせいとん》を身《み》につければいいのでしょうか。

片付《かたづ》け方《かた》を教《おし》えてもらったら一度《いちど》は試《ため》してみてもいい

片付《かたづ》けるのが苦手《にがて》で困《こま》っていると、まわりの人《ひと》からいろいろとアドバイスされると思《おも》います。「毎日片付《まいにちかたづ》ければ、散《ち》らからない」「使《つか》ったものは所定《しょてい》の位置《いち》に戻《もど》す」といったコツを教《おし》えてもらえるでしょう。助言《じょげん》を受《う》けたら、自分《じぶん》なりの片付《かたづ》け方《かた》が見《み》つかる場合《ばあい》もあるので、一度《いちど》は試《ため》してみてもいいと思《おも》います。

でも、言《い》われた通《とお》りにやってもうまくいかなかったら、それは合《あ》わなかったと考《かんが》えましょう。片付《かたづ》け方《かた》に正解《せいかい》はありません。**誰《だれ》かにぴったり合《あ》う方法《ほうほう》が、あなたには合《あ》わない場合《ばあい》もあります。**「いい方法《ほうほう》を教《おし》えてもらったのに、できなかった」と考《かんが》えると、自分《じぶん》の努力不足《どりょくぶそく》だと思《おも》えてくるかもしれませんが、そんなことはありません。

苦手《にがて》なことは克服《こくふく》しようとせず違《ちが》うやり方《かた》を探《さが》す

人《ひと》は、苦手《にがて》なことがあると、いい方法《ほうほう》を探《さが》して、克服《こくふく》しようと考《かんが》えます。でも、「苦手《にがて》なこと」を「得意《とくい》なこと」にするのは、とても難《むずか》しいことです。苦《に》手《て》というのは多《おお》くの場合《ばあい》、やってみてもできなかったから、苦手《にがて》なんですよね。

がんばって克服《こくふく》するよりも、ほかに方法《ほうほう》がある場合《ばあい》が多《おお》いです。

片付《かたづ》けることが苦手《にがて》な人《ひと》には、これまでと違《ちが》うやり方《かた》を探《さが》すことをおすすめします。バッグや上着《うわぎ》などの持《も》ち物《もの》を毎日《まいにち》きちんと所定《しょてい》の位置《いち》に戻《もど》すのが苦手《にがて》なら、持《も》ち物《もの》を全部《ぜんぶ》まとめて大《おお》きな箱《はこ》に入《い》れることにしてみたら、どうでしょうか。それなら、学校《がっこう》から帰《かえ》ってきて、持《も》ち物《もの》をそのまま箱《はこ》に入《い》れるだけです。片付《かたづ》けが苦手《にがて》でも、持《も》ち物《もの》をしまえるようになるかもしれません。

「自分《じぶん》のやり方《かた》」ではみ出《だ》さない程度《ていど》にやっていく

人《ひと》に教《おし》えてもらったやり方《かた》を試《ため》してみて、うまくいかなかったら、「自分《じぶん》なりのやり方《かた》」を見《み》つければいい。それが、自分《じぶん》らしさを大切《たいせつ》にするコツです。片付《かたづ》けで言《い》えば、「持《も》ち物《もの》は大《おお》きな箱《はこ》に片付《かたづ》ける」というやり方《かた》でもいいんです。大雑把《おおざっぱ》に片付《かたづ》けていたら、多少《たしょう》は散《ち》らかるでしょう。でも、**何《なに》がどこにあるか、自分《じぶん》でわかっていれば、大《おお》きな問題《もんだい》はありません。**散《ち》らかりすぎて、近《ちか》くの人《ひと》のスペースに侵入《しんにゅう》してしまったら問題《もんだい》ですが、そうでなければいいと思《おも》います。例《たと》えば学校《がっこう》で、自分《じぶん》の机《つくえ》の中《なか》が多少《たしょう》散《ち》らかっていても、隣《となり》の机《つくえ》にまではみ出《だ》していなければ大丈夫《だいじょうぶ》。冒頭《ぼうとう》のマンガの場合《ばあい》も、リュックの中《なか》が散《ち》らかっていることで誰《だれ》かに迷惑《めいわく》をかけていなければよい、と考《かんが》えましょう。

まとめ

「自分《じぶん》なりのやり方《かた》」で、大《おお》きな箱《はこ》にまとめて片付《かたづ》けるのでもいい。

自分《じぶん》なりにざっくりと片付《かたづ》けてみるだけでもOK

「自分《じぶん》なりのやり方《かた》」を探《さが》して、それを「社会《しゃかい》のルール」から大《おお》きくはみ出《だ》さない形《かたち》で、習得《しゅうとく》していく。そう考《かんが》えれば、片付《かたづ》けが苦手《にがて》でもあまり気《き》に病《や》まず、自《じ》分《ぶん》らしくやっていけると思《おも》います。

悩《なや》み 10

夏《なつ》休《やす》みの宿題《しゅくだい》がいつも終《お》わらない

夏休《なつやす》み終盤《しゅうばん》に苦労《くろう》することを毎年《まいとし》繰《く》り返《かえ》してしまう

みなさんは夏休《なつやす》みの宿題《しゅくだい》に、毎年《まいとし》どのように取《と》り組《く》んでいますか？

❶夏休《なつやす》みが始《はじ》まったらどんどん進《すす》めて、早《はや》めに終《お》わらせている
❷最初《さいしょ》に計画《けいかく》を立《た》てて、毎日《まいにち》コツコツ進《すす》めるようにしている
❸「やらなきゃ」と思《おも》いながらも、結局最後《けっきょくさいご》にまとめてやっている

私《わたし》はよく子《こ》どもたちにこの質問《しつもん》をするのですが、③と答《こた》える人《ひと》が多《おお》いです。子《こ》どもたちは「大変《たいへん》だった」「来年《らいねん》は早《はや》めにやる」と言《い》いますが、翌年《よくねん》に同《おな》じことを繰《く》り返《かえ》したりする。クセを直《なお》すのは、簡単《かんたん》なことではないんですよね。

なんだかんだで提出日《ていしゅつび》には間《ま》に合《あ》っている

夏休《なつやす》みの宿題《しゅくだい》に苦労《くろう》した子《こ》はよく「宿題《しゅくだい》が終《お》わらなかった」と言《い》います。しかし、話《はなし》をよく聞《き》いてみると、実際《じっさい》には終《お》わっていることもあるんですよね。最後《さいご》は親《おや》を巻《ま》き込《こ》んで大騒《おおさわ》ぎをしたり、怒《おこ》られたりしたけど、結果《けっか》として提出《ていしゅつ》はできたということで、むしろ、いろいろ工夫《くふう》して「終《お》わった」という話《はなし》だったりします。

途中経過《とちゅうけいか》はどうあれ、最後《さいご》に提出《ていしゅつ》できているのなら、特《とく》に問題《もんだい》はないと思《おも》っていいんです。早《はや》めに終《お》わらせても、計画的《けいかくてき》にコツコツ進《すす》めても、最後《さいご》にまとめて進《すす》めても、結果《けっか》は同《おな》じ。「宿題《しゅくだい》が終《お》わらなかった」と言《い》って落《お》ち込《こ》んでいる子《こ》がいたら、そういう話《はなし》をしています。

夏休《なつやす》みの宿題《しゅくだい》を通《つう》じて自分《じぶん》のタイプを知《し》ろう

夏休《なつやす》みの宿題《しゅくだい》は、自分《じぶん》はスタートダッシュで駆《か》け抜《ぬ》ける速攻《そっこう》タイプか、コツコツ進《すす》める計画《けいかく》タイプか、締《し》め切《き》り前《まえ》に自分《じぶん》を追《お》い込《こ》むギリギリタイプかがわかりやすい課題《かだい》です。

ギリギリタイプの人《ひと》は、土壇場《どたんば》に強《つよ》いとも言《い》えます。そういう人《ひと》はおそらく、社会《しゃかい》に出《で》たときにも、仕事《しごと》を後回《あとまわ》しにしてしまうことがあるでしょう。気《き》が進《すす》まない仕事《しごと》になかなか手《て》をつけられないことが、悩《なや》みになるかもしれません。

ただ、それも夏休《なつやす》みの宿題《しゅくだい》と同《おな》じで、期日《きじつ》に間《ま》に合《あ》えば問題《もんだい》ないはずです。ほかの人《ひと》たちは計画的《けいかくてき》に進《すす》めるかもしれませんが、必《かなら》ずしも、そのやり方《かた》に合《あ》わせる必要《ひつよう》はないんです。

ギリギリタイプの人《ひと》は親《おや》や友《とも》だちを頼《たよ》るのもいい

じつは私自身《わたしじしん》もギリギリタイプです。仕事《しごと》を抱《かか》えていても、日程的《にっていてき》にまだ手《て》をつけなくていいことなら、一切《いっさい》見《み》ません。「何日《なんにち》に始《はじ》めればいい」という目《め》安《やす》が頭《あたま》にあって、その時期《じき》がきてから取《と》りかかります。

見通《みとお》しが甘《あま》くてたまに失敗《しっぱい》することもありますが、たくさんの人《ひと》にサポートしてもらって、働《はたら》くことができています。ギリギリタイプの人《ひと》は、宿題《しゅくだい》を親《おや》に手伝《てつだ》ってもらうこともあると思《おも》いますが、**他人《たにん》の手《て》を借《か》りることができるのも重要《じゅうよう》なスキルの一《ひと》つ**です。

夏休《なつやす》みの宿題《しゅくだい》を通《つう》じて自分《じぶん》らしいやり方《かた》を身《み》につければ、大人《おとな》になってからも、そのやり方《かた》で世渡《よわた》りできるはずです。

まとめ

大人《おとな》だってギリギリタイプはいる。
なんだかんだで世渡《よわた》りする方法《ほうほう》はいくらでもある。

夏休《なつやす》みの宿題《しゅくだい》の片付《かたづ》け方《かた》
あなたはどのタイプ？

速攻《そっこう》タイプ

夏休《なつやす》みが始《はじ》まったら全力《ぜんりょく》でスタートダッシュして、早《はや》めに終《お》わらせる

急《いそ》ぎすぎて息切《いきぎ》れすることもある。
ブレーキのかけ方《かた》も覚《おぼ》えよう!

計画《けいかく》タイプ

計画《けいかく》を立《た》てて、コツコツ進《すす》めていく

計画《けいかく》が崩《くず》れると動揺《どうよう》しやすい。
計画《けいかく》を調整《ちょうせい》することも身《み》につけよう!

ギリギリタイプ

夏休《なつやす》み後半《こうはん》になったら動《うご》き出《だ》して、ラストスパートをかける

ギリギリで間《ま》に合《あ》わないこともある。
人《ひと》を頼《たよ》ることも考《かんが》えよう!

自分《じぶん》のタイプがわかれば、気《き》をつける部分《ぶぶん》も見《み》えやすい

人《ひと》の話《はなし》をちゃんと聞《き》けない

親《おや》の話《はなし》や先生《せんせい》の授業《じゅぎょう》に集中《しゅうちゅう》できないときがある

親《おや》や先生《せんせい》からよく「人《ひと》の話《はなし》を聞《き》かない」と叱《しか》られている人《ひと》がいます。授業中《じゅぎょうちゅう》によそ見《み》をしたり考《かんが》えごとをしていて、注意《ちゅうい》されてしまう。そういう場面《ばめん》がほかの人《ひと》よりも多《おお》くて、先生《せんせい》から「人《ひと》の話《はなし》をちゃんと聞《き》く」という生活《せいかつ》目標《もくひょう》を設定《せってい》される。本人《ほんにん》は自分《じぶん》なりに「話《はなし》を聞《き》くぞ」と思《おも》っていて、きちんと聞《き》けていることもあったりするのですが、やはり先生《せんせい》の指示《しじ》を聞《き》き逃《のが》してしまうことが多《おお》く、それでは問題《もんだい》だということで、「努力《どりょく》が足《た》りない」と言《い》われてしまうというパターンです。

みなさんは、親《おや》の話《はなし》を上《うわ》の空《そら》で聞《き》いてしまうことや授業《じゅぎょう》に集中《しゅうちゅう》できなくて、話《はなし》がわからなくなってしまうことは、ありませんか？

内容《ないよう》を知《し》っているから退屈《たいくつ》で気《き》が散《ち》るという人《ひと》もいる

話《はなし》を聞《き》くのが苦手《にがて》な人《ひと》のなかには、真面目《まじめ》に聞《き》こうとせず、ふざけてしまっているという人《ひと》もいます。その場合《ばあい》には大人《おとな》から「ちゃんと聞《き》こう」と注意《ちゅうい》されることで、適切《てきせつ》な態度《たいど》を身《み》につけ、状況《じょうきょう》が改善《かいぜん》することもあります。

一方《いっぽう》で、**話《はなし》を聞《き》こうとは思《おも》っていても、集中《しゅうちゅう》しきれない人《ひと》もいます。**例《たと》えば、教科書《きょうかしょ》の内容《ないよう》を先《さき》に全部《ぜんぶ》読《よ》んでしまっているというパターン。すでに内容《ないよう》を知《し》っているから、先生《せんせい》の話《はなし》を聞《き》いていても退屈《たいくつ》で、校庭《こうてい》を眺《なが》めたりしてしまう。

その場合《ばあい》、授業中《じゅぎょうちゅう》の話《はなし》を少《すこ》しくらい聞《き》き逃《のが》しても、学習《がくしゅう》は十分《じゅうぶん》にできていたりもします。聞《き》くのが苦手《にがて》で問題《もんだい》が起《お》きているというよりは、先《さき》に勉強《べんきょう》をしたから聞《き》かなくてもわかる、という話《はなし》だったりするわけです。

こんなことを言《い》ったら怒《おこ》られるかもしれませんが、先生《せんせい》の話《はなし》が、教科書《きょうかしょ》の内《ない》容《よう》より興味深《きょうみぶか》いなら、教科書《きょうかしょ》を先《さき》に読《よ》んだ人《ひと》も聞《き》くはずです。そうではなく、聞《き》き手《て》が退屈《たいくつ》しているということは、話《はなし》がつまらないということなんです。

聞《き》くのに集中《しゅうちゅう》できない時間《じかん》もあるけれど、勉強《べんきょう》はしっかりできているということなら、私《わたし》はそれでいいと思《おも》います。それでも聞《き》くことが大事《だいじ》だというのなら、あとは先生《せんせい》が努力《どりょく》するべきです。

発想《はっそう》がどんどん出《で》るから集中《しゅうちゅう》できないという人《ひと》もいる

また、発想《はっそう》がどんどんわいてきて、一《ひと》つの話《はなし》に集中《しゅうちゅう》できないという人《ひと》もいます。この場合《ばあい》は、また別《べつ》のとらえ方《かた》をする必要《ひつよう》があります。

例《たと》えば、授業《じゅぎょう》で動物《どうぶつ》の話《はなし》が出《で》てくると、そこから最近《さいきん》見《み》た動物《どうぶつ》の動画《どうが》を思《おも》い出《だ》して、授業《じゅぎょう》と関係《かんけい》ないことを考《かんが》え始《はじ》めてしまう。最初《さいしょ》は授業《じゅぎょう》を聞《き》いていたものの、意識《いしき》がだんだん授業《じゅぎょう》から離《はな》れていくというパターンです。親《おや》の話《はなし》を聞《き》いているときにも、途中《とちゅう》から違《ちが》うことを考《かんが》えてしまったりします。

このタイプの場合《ばあい》には、話《はなし》の内容《ないよう》を理解《りかい》する前《まえ》に違《ちが》うことを考《かんが》えているので、何《なに》か対策《たいさく》をとったほうがいいでしょう。例《たと》えば、集中《しゅうちゅう》が切《き》れたときに**親《おや》や先生《せんせい》、同級生《どうきゅうせい》に一声《ひとこえ》かけられると、元《もと》の話《はなし》に意識《いしき》を戻《もど》せる**こともあります。まわりにそういうことを頼《たの》めるなら、頼《たの》んでみるのもいいですね。

話《はなし》を聞《き》き逃《のが》すことが多《おお》い場合《ばあい》には、自分《じぶん》から聞《き》き返《かえ》すことや、大事《だいじ》な話《はなし》をメモすること、メモしてもらうことを試《ため》してみるのもいいと思《おも》います。

また、場合《ばあい》によっては、少人数《しょうにんずう》のクラスを利用《りよう》できることもあります。大勢《おおぜい》のなかでは集中《しゅうちゅう》するのがどうしても難《むずか》しいという人《ひと》は、学校側《がっこうがわ》と相談《そうだん》して、個《こ》

まとめ

「聞《き》けるかどうか」だけでなく、「理解《りかい》できているかどうか」も含《ふく》めて考《かんが》えよう。

人《ひと》の話《はなし》に集中《しゅうちゅう》できないのはなぜだろう?

別《べつ》に支援《しえん》を受《う》けることもできるんです。

個別《こべつ》の支援《しえん》については、第《だい》４章《しょう》の１４６ページから始《はじ》まる項目《こうもく》でも少《すこ》し説明《せつめい》しているので、思《おも》い当《あ》たる人《ひと》は、そちらも読《よ》んでみてください。

部《ぶ》活《かつ》でみんなのようにがんばれない

悩《なや》み

12

苦《くる》しい練習《れんしゅう》に耐《た》えてきたけど自分《じぶん》だけ力《ちから》が伸《の》びない

学校生活《がっこうせいかつ》では、授業《じゅぎょう》や宿題《しゅくだい》が悩《なや》みの種《たね》になることが多《おお》いのですが、そのほかに、部活動《ぶかつどう》のことを相談《そうだん》される場合《ばあい》もあります。

例《たと》えば、部活動《ぶかつどう》の苦《くる》しい練習《れんしゅう》に耐《た》えてきたけど、なかなかうまくいかない。ほかの人《ひと》はいい記録《きろく》を出《だ》しているのに、自分《じぶん》は力《ちから》が伸《の》びない。自分《じぶん》には才能《さいのう》がないのだろうか、それとも、苦《くる》しい思《おも》いをしても乗《の》り越《こ》えれば何《なに》かを得《え》られるのだろうか、という迷《まよ》いのなかでつらい思《おも》いをしているんですね。

自分《じぶん》の努力《どりょく》には意味《いみ》があるのか。それとも、向《む》いていない部活動《ぶかつどう》を選《えら》んで、無駄《むだ》な努力《どりょく》をしているのか。いい結果《けっか》が出《で》れば「がんばったかいがあった」と思《おも》えますが、**努力《どりょく》が実《み》を結《むす》ばない日々《ひび》が続《つづ》くと、どうしても迷《まよ》いが出《で》てきます。**

結果《けっか》が出《で》るまで努力《どりょく》するか 結果《けっか》はどうあれ努力《どりょく》するか

何《なに》かを成《な》し遂《と》げた人《ひと》が、インタビューで「苦《くる》しい試練《しれん》を乗《の》り越《こ》えて、夢《ゆめ》を叶《かな》えることができました」と答《こた》えていることがあります。練習《れんしゅう》を重《かさ》ねて優勝《ゆうしょう》したスポーツ選手《せんしゅ》。研究《けんきゅう》の成果《せいか》が世界中《せかいじゅう》に認《みと》められた学者《がくしゃ》。いろいろな人《ひと》が「あきらめないこと」の大切《たいせつ》さを語《かた》ります。そんな話《はなし》を聞《き》いていると、やはり「いい結果《けっか》が出《で》るまでがんばること」が大切《たいせつ》だと感《かん》じるかもしれません。

でもその一方《いっぽう》で、「負《ま》けたけど、いい思《おも》い出《で》になった」と語《かた》る人《ひと》もいます。〝夏《なつ》の甲子園《こうしえん》〟は地方予選《ちほうよせん》に3000以上《いじょう》のチームが参加《さんか》しますが、勝《か》ち抜《ぬ》けるのは1チームだけです。それでも挑戦《ちょうせん》し、敗退《はいたい》しても「いい思《おも》い出《で》になった」と言《い》う。だとすると、「努力《どりょく》することに意味《いみ》がある」のでしょうか。

「あきらめる」と「我慢《がまん》する」の組《く》み合《あ》わせで考《かんが》えを整理《せいり》する

部活動《ぶかつどう》を、どこまでがんばれば納得《なっとく》できるのか、後悔《こうかい》しないで済《す》むか。悩《なや》んでも、答《こた》えは出《で》ないかもしれません。難《むずか》しい問題《もんだい》ですが、私《わたし》の意見《いけん》をお伝《つた》えします。私《わたし》は、何《なに》かをがんばるかどうかで悩《なや》んだときには、「あきらめる」と「我慢《がまん》する」を組《く》み合《あ》わせて、考《かんが》えを整理《せいり》するのがいいと思《おも》っています。

1 「あきらめないで、我慢《がまん》する」

多《おお》くの人《ひと》は、好《す》きなことのためなら、苦《くる》しいことがあっても、あきらめないで我慢《がまん》します。これは悪《わる》いことではありません。この場合《ばあい》、**いい結果《けっか》が出《で》なくても、好《す》きなことをやれたから「いい思《おも》い出《で》」になったと思《おも》える**のでしょう。

2「あきらめて、我慢《がまん》する」

嫌《きら》いなこと・やりたくないことを続《つづ》けなければいけないときには、人《ひと》は逃《に》げ出《だ》したくてもあきらめて、我慢《がまん》します。例《たと》えば、最初《さいしょ》は楽《たの》しかった習《なら》い事《ごと》が、だんだんストレスになってきた。でも1年間《ねんかん》は通《かよ》うと約束《やくそく》したので、あきらめて我慢《がまん》する。この場合《ばあい》、**時間《じかん》をかけて練習《れんしゅう》しても、いい結果《けっか》は出《で》ず、また「いい思《おも》い出《で》」にもならない**かもしれません。

どちらも活動《かつどう》や練習《れんしゅう》を続《つづ》けているという点《てん》では同《おな》じです。がんばってもいい結果《けっか》が出《で》ないかもしれない、ということも共通《きょうつう》しています。でも、気持《きも》ちは全然《ぜんぜん》違《ちが》います。「好《す》きだから努力《どりょく》する」と「仕方《しかた》なく努力《どりょく》する」では、努力《どりょく》の意味《いみ》が変《か》わってくるわけです。

自分《じぶん》がいまがんばっていることが、あきらめずにがんばりたいことなのか、それとも、成《な》り行《ゆ》きで仕方《しかた》なくがんばっていることなのか。その中間《ちゅうかん》という場合《ばあい》もあると思《おも》いますが、どちらに近《ちか》いのかを考《かんが》えてみましょう。

最後《さいご》は「好《す》きかどうか」で直感《ちょっかん》で判断《はんだん》しよう

人間《にんげん》は、好《す》きなこと・やりたいことのためなら、あまり無理《むり》なく、努力《どりょく》できるものです。努力《どりょく》した結果《けっか》、壁《かべ》を乗《の》り越《こ》えられるかどうかはわかりません。でも、**やりたくてやったことなら、結果《けっか》がどうなっても、ひどく後悔《こうかい》することはない**でしょう。だから試合《しあい》で負《ま》けても「いい思《おも》い出《で》」だと言《い》える人《ひと》もいるわけです。

部活動《ぶかつどう》を今後《こんご》もがんばるか、あきらめるかで悩《なや》んだときは、「好《す》きかどうか」

で、判断《はんだん》するしかありません。それは人《ひと》に聞《き》いてもわからないことです。自分《じぶん》の心《こころ》のなかの「好《す》き」という気持《きも》ちを確《たし》かめるしかない。最後《さいご》は直感《ちょっかん》なんです。好《す》きで始《はじ》めたことだけど、情熱《じょうねつ》が持《も》てなくなってきたのなら、思《おも》い切《き》ってやめて、ほかに興味《きょうみ》を持《も》てることを探《さが》したほうがいいかもしれません。部活動《ぶかつどう》でも習《なら》い事《ごと》でも、趣味《しゅみ》の活動《かつどう》でも、同《おな》じです。

やりたくないことを我慢《がまん》して続《つづ》けていると、心《こころ》が不調《ふちょう》になってしまいます。約束《やくそく》したからと言《い》って嫌《いや》なことを無理《むり》に続《つづ》けて、例《たと》えば運動《うんどう》そのものが嫌《きら》いになってしまったら、ほかのことにも興味《きょうみ》を持《も》てなくなるかもしれません。

「乗《の》り越《こ》えること」や「やり抜《ぬ》くこと」を基準《きじゅん》にするのではなく、「好《す》きかどうか」で判断《はんだん》して、努力《どりょく》することをおすすめします。好《す》きなことなら努力《どりょく》は続《つづ》くはず。そして、いい結果《けっか》が出《で》なくても、「無駄《むだ》な努力《どりょく》だった」とは思《おも》わないでしょう。最後《さいご》は自分《じぶん》の直感《ちょっかん》を信《しん》じて、決断《けつだん》してください。

まとめ

目標《もくひょう》や結果《けっか》を追《お》い求《もと》めるよりも、「好《す》きかどうか」直感《ちょっかん》で判断《はんだん》したほうがいい。

好《す》きなこと／嫌《きら》いなことがわかるチェックリスト

好《す》きなこと・やりたいこと

- [ ] 自然《しぜん》に努力《どりょく》できる
- [ ] 苦《くる》しい練習《れんしゅう》があっても、あきらめないで我慢《がまん》できる
- [ ] 続《つづ》けていてもつらくならない（ことが多《おお》い）
- [ ] 結果《けっか》がどうなっても、納得《なっとく》できる。「いい思《おも》い出《で》」だと思《おも》える

嫌《きら》いなこと・やりたくないこと

- [ ] 無理《むり》をすれば努力《どりょく》できる
- [ ] 練習《れんしゅう》が苦《くる》しいけど、あきらめて我慢《がまん》している
- [ ] 続《つづ》けていると、つらくなっている（ことが多《おお》い）
- [ ] 「いい思《おも》い出《で》」だと思《おも》えるかどうかは、結果次第《けっかしだい》

続《つづ》けるかどうか迷《まよ》ったときは、自分《じぶん》の素直《すなお》な気持《きも》ちをチェック

悩《なや》み
13

自分《じぶん》に自信《じしん》が持《も》てない

勉強《べんきょう》をがんばっているけど同級生《どうきゅうせい》に評価《ひょうか》されない

学校《がっこう》では、勉強《べんきょう》ができる人《ひと》よりも、運動《うんどう》が得意《とくい》な人《ひと》や話《はなし》がおもしろい人《ひと》のほうが、人気《にんき》があることも多《おお》いもの。そんな環境《かんきょう》のなかで、自分《じぶん》のよさが評価《ひょうか》されず、自信《じしん》が持《も》てなくてモヤモヤすることもあるでしょう。

よくあるのが、勉強《べんきょう》が得意《とくい》で、どの教科《きょうか》もテストでいい点《てん》が取《と》れるけど、勉《べん》強以外《きょういがい》のことにはなかなか自信《じしん》が持《も》てないというパターンです。勉強《べんきょう》を本当《ほんとう》によくがんばっていて、授業中《じゅぎょうちゅう》も積極的《せっきょくてき》に発言《はつげん》をしている。でも、それをほめてくれるのは先生《せんせい》だけで、同級生《どうきゅうせい》にはあまり評価《ひょうか》されていない感《かん》じがする。自分《じぶん》だってがんばっているのに、運動《うんどう》が得意《とくい》な人《ひと》たちばかりチヤホヤされて、不公《ふこう》平《へい》だと思《おも》う、というような悩《なや》みごとを聞《き》くことがあります。

無理《む り》にがんばって自信《じ しん》を失《うしな》うことも

勉強《べんきょう》が得意《とくい》な人《ひと》のなかには、「勉強《べんきょう》だけではダメなんだ」と思《おも》って、得意《とくい》ではないことに手《て》を広《ひろ》げる人《ひと》もいます。本当《ほんとう》は運動《うんどう》が苦手《にがて》なのに、まわりの人《ひと》にいいところを見《み》せようとして、運動系《うんどうけい》の部活動《ぶかつどう》を始《はじ》めたりするんです。部活動《ぶかつどう》で弱点《じゃくてん》を克服《こくふく》しようとしたり、ほかの人《ひと》の評価《ひょうか》を求《もと》めたりするんですね。

ところが、そういうやり方《かた》をすると、うまくいかないことが多《おお》いです。好《す》きで始《はじ》めたことではないので、練習《れんしゅう》についていけない。練習《れんしゅう》してもうまくなれず、**自分《じぶん》の能力《のうりょく》のなさを痛感《つうかん》することになってしまって、むしろ自信《じしん》を失《うしな》う、といったことになりがち**です。失敗《しっぱい》して恥《は》ずかしい思《おも》いをして、いわゆる「黒歴史《くろれきし》」になってしまう場合《ばあい》もあります。

弱点《じゃくてん》を克服《こくふく》するよりも得意《とくい》なことに注力《ちゅうりょく》しよう

これまでにも書《か》きましたが、苦手《にがて》なことを克服《こくふく》するのは大変《たいへん》です。それよりも得意《とくい》なことを伸《の》ばすほうが、ストレスも少《すく》なくなり個性《こせい》も際立《きわだ》ちます。好《す》きなこと・得意《とくい》なことをやっていれば、同《おな》じ分野《ぶんや》に興味《きょうみ》を持《も》つ人《ひと》と出会《であ》うチャンスも広《ひろ》がります。**みんなにチヤホヤされることよりも、自分《じぶん》が楽《たの》しく活《かつ》動《どう》することを大事《だいじ》に**したほうが、結果《けっか》として巡《めぐ》り合《あ》わせがよくなると思《おも》います。

まとめ

人気《にんき》を求《もと》めて好《す》きでもないことに手《て》を出《だ》すと、「黒歴史《くろれきし》」になってしまうかも。

あなたにも、芸能人《げいのうじん》にも それぞれの「努力《どりょく》」がある

この章《しょう》では、努力《どりょく》にもいろいろな側面《そくめん》があるとお伝《つた》えしましたが、最後《さいご》に「努力《どりょく》とはなんだ」という話《はなし》をしましょう。世《よ》の中《なか》に、努力《どりょく》しない人《ひと》はいません。遊《あそ》び呆《ほう》けている人《ひと》だって、全力《ぜんりょく》で遊《あそ》ぶための努力《どりょく》をしています。

テレビや動画《どうが》を見《み》ていると、芸能人《げいのうじん》やユーチューバーが遊《あそ》んでいる姿《すがた》をよく目《め》にしますよね。「遊《あそ》んでお金《かね》がもらえるなんていいな」と思《おも》うかもしれませんが、あの人《ひと》たちは上手《じょうず》に遊《あそ》べるから、お金《かね》を稼《かせ》げるんです。一般《いっぱん》の人《ひと》は、あんなにうまく遊《あそ》べません。あの人《ひと》たちは楽《たの》しそうに遊《あそ》んで、みんなを喜《よろこ》ばせることができるから、テレビや動画《どうが》の世界《せかい》でやっていけるのでしょう。

苦《くる》しい練習《れんしゅう》に耐《た》えてがんばることだけが努力《どりょく》ではありません。人《ひと》によっては、

一生懸命遊《いっしょうけんめいあそ》ぶことだって努力《どりょく》なんです。みなさんにもぜひ、自分《じぶん》らしい努力《どりょく》を見《み》つけてほしいと思《おも》います。

「努力《どりょく》が足《た》りない」と言《い》われたら立《た》ち止《ど》まって考《かんが》えよう

人《ひと》はよく「努力《どりょく》が足《た》りない」と言《い》いますが、この章《しょう》で書《か》いてきたように、実《じっ》際《さい》には努力《どりょく》が足《た》りないというよりは、「自分《じぶん》に向《む》いていないやり方《かた》だった」ということもあります。自分《じぶん》なりにがんばっているのにうまくいかないことがあり、誰《だれ》かに「努力不足《どりょくぶそく》だ」と言《い》われたら、ちょっと立《た》ち止《ど》まって考《かんが》えてみましょう。努力《どりょく》が足《た》りないのではなく、どこかにミスマッチがあるのかもしれません。

この章《しょう》の冒頭《ぼうとう》にも書《か》きましたが、人間《にんげん》には得意不得意《とくいふとくい》があり、努力《どりょく》すれば伸《の》びやすいことと、努力《どりょく》しても伸《の》びにくいことがあります。また、好《す》きなことはうまくいかなくても努力《どりょく》できる一方《いっぽう》で、嫌《きら》いなことは結果《けっか》にかかわらず、続《つづ》けるのが苦痛《くつう》だったりもします。うまくいかないことを、何《なに》もかも自分《じぶん》の「努力《どりょく》不足《ぶそく》」だと思《おも》う必要《ひつよう》はありません。

好《す》きだから、楽《たの》しいから努力《どりょく》が長続《ながつづ》きする

私《わたし》は、努力《どりょく》というのは、好《す》きなことや得意《とくい》なことについて、目標《もくひょう》を持《も》っているときにすることだと思《おも》います。人《ひと》は、興味《きょうみ》の向《む》くことには、何《なに》も言《い》われなくても努力《どりょく》をするものです。**もっと知《し》りたい、もっと楽《たの》しみたいと思《おも》って、自分《じぶん》から動《うご》こうとする。**それが努力《どりょく》だと思《おも》うんです。

やりたくてやっていることだから、多少《たしょう》つらいことがあっても「あきらめないで、我慢《がまん》できる」。そういう健全《けんぜん》な努力《どりょく》は、長続《ながつづ》きします。好《す》きだからやりたい、明日《あした》も楽《たの》しみたいということを、みなさんにも持《も》ってほしいと思《おも》います。

「攻《せ》めの姿勢《しせい》」で苦手《にがて》なことは捨《す》ててしまおう

「苦手《にがて》なことを努力《どりょく》するのではなく、得意《とくい》なことを努力《どりょく》したほうがいい」と言《い》われると、そんな「逃《に》げの姿勢《しせい》」は嫌《いや》だと思《おも》う人《ひと》もいるかもしれません。しかし私《わたし》は、それはむしろ「攻《せ》めの姿勢《しせい》」だと考《かんが》えています。

「みんながんばっているから」と言《い》って、苦手《にがて》なことをがんばろうとするのは、どちらかと言《い》えば受《う》け身《み》の姿勢《しせい》です。そうではなく、「Aは自分《じぶん》には向《む》いていない」「好《す》きで得意《とくい》なBをやりたい」という選択《せんたく》をする。それは、自分《じぶん》らしい活動《かつどう》を、自分《じぶん》で選《えら》び取《と》っているんです。苦手《にがて》なことを捨《す》てるのは、前進《ぜんしん》するための一歩《いっぽ》。乗《の》り越《こ》えるべき壁《かべ》から逃《に》げることではなく、自分《じぶん》の道《みち》を決《き》めることです。

自分《じぶん》のスタイルを見《み》つけるために、好《す》きなこと・得意《とくい》なことを大切《たいせつ》にする。

無理《むり》せずに努力《どりょく》して、力《ちから》を伸《の》ばしていく。そんなイメージを持《も》ってみてください。この本《ほん》を読《よ》んだことも、自分《じぶん》を知《し》るための努力《どりょく》です。あなたはもう、自分《じぶん》の道《みち》を進《すす》み始《はじ》めています。その調子《ちょうし》で、自分《じぶん》らしさを大切《たいせつ》にしていきましょう。

まとめ

努力《どりょく》とは、苦《くる》しい試練《しれん》に耐《た》えることだけじゃない。自分《じぶん》らしい努力《どりょく》の仕方《しかた》を探《さが》していこう!

第《だい》4章《しょう》

「普通《ふつう》」って なんだろう

みんなとノリが合《あ》わず「正解《せいかい》」がわからなくなったら

小学生《しょうがくせい》から中学生《ちゅうがくせい》、高校生《こうこうせい》へと学年《がくねん》が上《あ》がっていくなかで、生活《せいかつ》は大《おお》きく変化《へんか》していきます。勉強《べんきょう》のやり方《かた》や結果《けっか》、部活動《ぶかつどう》での活躍《かつやく》、友《とも》だち関係《かんけい》など、いろいろなことが変《か》わっていくものです。そのなかで、自分《じぶん》のやり方《かた》がある時期《じき》から、うまくいかなくなることもあるでしょう。

例《たと》えば、**小学校低学年《しょうがっこうていがくねん》の頃《ころ》はみんなと仲良《なかよ》く、うまくやっていたのに、だんだん「みんなとノリが合《あ》わないこと」が増《ふ》えてくる**場合《ばあい》。何人《なんにん》かで勉強《べんきょう》や部活動《ぶかつどう》などの話《はなし》をしているとき、思《おも》ったことを口《くち》にすると、自分《じぶん》の発言《はつげん》だけ「えっ？」とキツめにつっこまれるようになる。「普通《ふつう》、そんなことしないよね」「ちょっと変《へん》だよ」と言《い》われてしまって、それ以上話《いじょうはな》せなくなる。それからは発言《はつげん》しようとするたびにびくびくしてしまう……。

勉強《べんきょう》でも運動《うんどう》でも、会話《かいわ》でも、それまで問題《もんだい》なくできていたことが急《きゅう》に通《つう》じなくなると、とまどってしまいますよね。「正解《せいかい》」や「普通《ふつう》」がよくわからなくなり、何《なに》を言《い》っても、何《なに》をしても、否定《ひてい》されるような気《き》がしてくる。そうやって、一人《ひとり》で悩《なや》みを抱《かか》えてしまう人《ひと》もいるでしょう。

自分《じぶん》が普通《ふつう》じゃないと思《おも》ったときには、どうすればいいのでしょうか。みんなに合《あ》わせることを覚《おぼ》えたほうがいいのか。それとも、まわりから「変《へん》だよ」と言《い》われても、自分《じぶん》を貫《つらぬ》いたほうがいいのか。難《むずか》しい問題《もんだい》ですが、私《わたし》は**「普《ふ》通《つう》」を気《き》にしないほうがいいと思《おも》っています。**なぜ「普通《ふつう》」を気《き》にしないのがいいのか。そのためにどんな工夫《くふう》をすればいいのか。この章《しょう》で一緒《いっしょ》に考《かんが》えていきましょう。

悩《なや》み

14

「普通《ふつう》はこうでしょ」と言《い》われる

「普通《ふつう》はこうでしょ」と言《い》われたらどうすればいいのか

自分《じぶん》では普通《ふつう》にしているつもりなのに、友《とも》だちから「変《へん》だよ」「普通《ふつう》はこうでしょ」というようなことを言《い》われたら、みなさんはどうしますか？

例《たと》えば、マンガのように数人《すうにん》の友《とも》だちが「これ、かわいくない？」と話《はな》して盛《も》り上《あ》がっているときに、同《おな》じテンションで入《はい》っていくことができず、雰囲気《ふんいき》を壊《こわ》してしまったら。素直《すなお》に思《おも》ったことを伝《つた》えただけなのに、ちょっと険悪《けんあく》なムードが出《で》てしまったら。

友《とも》だちと仲良《なかよ》くやっていくために、「正直《しょうじき》、かわいいと思《おも》えない」と感《かん》じていても、話《はなし》やノリを合《あ》わせますか？　それとも無理《むり》に合《あ》わせないで、その子《こ》たちと少《すこ》し距離《きょり》をとるようにするでしょうか。

相手《あいて》に合《あ》わせるのが苦手《にがて》で態度《たいど》に出《で》てしまう人《ひと》もいる

学校生活《がっこうせいかつ》では、話《はなし》やノリを合《あ》わせようとする人《ひと》が多《おお》いかもしれません。学校《がっこう》は集団行動《しゅうだんこうどう》をする場面《ばめん》が多《おお》く、みんなに合《あ》わせたほうが無難《ぶなん》なこともあります。なかには、どこのグループに行《い》ってもその場《ば》のノリに合《あ》わせて、そつなく振《ふ》る舞《ま》えるという人《ひと》もいます。そういう人《ひと》は相手《あいて》に合《あ》わせて世渡《よわた》りしていくことに、さほどストレスを感《かん》じないのかもしれません。

一方《いっぽう》で、ノリを合《あ》わせるのが苦手《にがて》という人《ひと》もいます。みんなが「かわいい」と言《い》っていても、その雰囲気《ふんいき》に乗《の》り切《き》れない。内心《ないしん》「そうでもない」と思《おも》っていると、気持《きも》ちが態度《たいど》や言葉《ことば》に出《で》てしまうタイプですね。そういう人《ひと》は、**無理《むり》に交流《こうりゅう》せず、距離《きょり》をとるというのも一《ひと》つの方法《ほうほう》**かもしれません。

「普通《ふつう》」の人《ひと》だと思《おも》われていたほうが無難《ぶなん》？

友《とも》だち同士《どうし》の集《あつ》まりでは、何《なに》をかわいいと思《おも》うか、どんなファッションが好《す》きか、どういう流《なが》れで何《なん》の話《はなし》をするのかなどいろいろな基準《きじゅん》があり、それがグループの「普通《ふつう》」になっています。

ただ、その「普通《ふつう》」は狭《せま》い人間関係《にんげんかんけい》のなかでの評価《ひょうか》にしか過《す》ぎません。他《ほか》の集団《しゅうだん》ではまったく違《ちが》うことが「普通《ふつう》」とみなされている場合《ばあい》もあるのです。コミュニティごとに「普通《ふつう》」が異《こと》なっていれば、それが合《あ》わない人《ひと》もいるのは当然《とうぜん》のこと。自分《じぶん》が所属《しょぞく》しているコミュニティの「普通《ふつう》」に合《あ》わせることが難《むずか》しいと感《かん》じるのであれば、自分《じぶん》に合《あ》いそうな基準《きじゅん》を持《も》っているほかの場所《ばしょ》を探《さが》したっていいわけです。

「ほかの普通《ふつう》」にも目《め》を向《む》けてみるといいかも

とは言《い》え、ほとんどの時間《じかん》を学校《がっこう》で過《す》ごしている時期《じき》に、いきなり「友《とも》だちと距離《きょり》をとろう」と考《かんが》えるのも難《むずか》しいと思《おも》います。その場合《ばあい》はいまの人間関係《にんげんかんけい》をそれなりに維持《いじ》しながら、生活範囲《せいかつはんい》のなかで「ほかのコミュニティ」を探《さが》してみましょう。

例《たと》えば学校《がっこう》の部活動《ぶかつどう》や委員会《いいんかい》に所属《しょぞく》してみると、そのなかで居心地《いごこち》のいい集団《しゅうだん》が見《み》つかるかもしれません。すでに部活動《ぶかつどう》をやっていて、部《ぶ》のノリが苦手《にがて》なら、部活終《ぶかつお》わりの雑談《ざつだん》にはつき合《あ》わず、さっさと家《いえ》に帰《かえ》る。その上《うえ》で、ほかの部活《ぶかつ》との兼部《けんぶ》や転部《てんぶ》を考《かんが》えるのもいいでしょう。

学校内《がっこうない》の関《かか》わりにこだわらず、習《なら》い事《ごと》や地域《ちいき》の趣味《しゅみ》のサークルなどに参加《さんか》してみるのもおすすめです。同《どう》級生《きゅうせい》よりも、地域《ちいき》で年上《としうえ》や年《とし》下《した》の人《ひと》とつき合《あ》うほうが合《あ》っているという人《ひと》もいます。**できる範囲《はんい》で「ほかの普通《ふつう》」にも目《め》を向《む》けてみると**、少《すこ》し世《せ》界《かい》が広《ひろ》がって、楽《らく》になるかもしれません。

さまざまなコミュニティに目《め》を向《む》けよう

コミュニティごとに「普通《ふつう》」は違《ちが》う。自分《じぶん》に合《あ》うコミュニティを探《さが》そう

まとめ

「普通《ふつう》」はコミュニティによって変《か》わる。いつもと違《ちが》うグループにも参加《さんか》してみよう。

悩《なや》み
15

「友《とも》だちと一緒《いっしょ》」がときどきしんどい

一人《ひとり》ぼっちは嫌《いや》だから みんなにノリを合《あ》わせている

クラスや部活動《ぶかつどう》などで、その場《ば》のノリに合《あ》わせようと苦労《くろう》している人《ひと》のなかには、「一人《ひとり》ぼっちになりたくない」と感《かん》じる人《ひと》もいると思《おも》います。本当《ほんとう》は一人《ひとり》の時間《じかん》もほしいけど、一人《ひとり》で過《す》ごしていると、みんなに「友《とも》だちがいない人《ひと》」だと思《おも》われてしまう。それは嫌《いや》だから、なるべく誰《だれ》かと一緒《いっしょ》にいようとする。心《こころ》のどこかにそういう気持《きも》ちがあって、友《とも》だちづき合《あ》いをしているという人《ひと》もいるでしょう。

ただ、**そうやっていつも誰《だれ》かと一緒《いっしょ》にいると、しんどくなってしまうこともある**と思《おも》います。いつも誰《だれ》かに少《すこ》し気《き》をつかっている。完全《かんぜん》に気《き》を抜《ぬ》いて、リラックスできる時間《じかん》があまりない。それでは疲《つか》れてしまいますよね。

友《とも》だち関係《かんけい》にストレスはつきもの

誰《だれ》かと一緒《いっしょ》にいるときには、それがどんなに仲《なか》のいい人《ひと》でも、多少《たしょう》は気《き》をつかうものです。そういう意味《いみ》で、**友《とも》だちづき合《あ》いというのは、多少《たしょう》のストレスは生《う》まれるもの**だと思《おも》っておいたほうがいいでしょう。

ほとんど気《き》をつかわなくても一緒《いっしょ》にいられるような相手《あいて》が見《み》つかれば、友《とも》だちづき合《あ》いがいまよりも楽《らく》になる可能性《かのうせい》もあります。ただ、そういう相手《あいて》でも、一緒《いっしょ》にいればいろいろなことが起《お》こります。友《とも》だちづき合《あ》いをしていれば、しんどくなることはどうしてもあるわけです。

いつも誰《だれ》かと一緒《いっしょ》にいるのはしんどい。でも一人《ひとり》ぼっちにはなりたくない。どちらも切実《せつじつ》な気持《きも》ちだと思《おも》います。

「ときには一人《ひとり》になりたい」と思《おも》うのは、自然《しぜん》なこと

「友《とも》だちと一緒《いっしょ》にいたい」と思《おも》いながら、「いつも一緒《いっしょ》にいるのはしんどい」と感《かん》じるのは、おかしなことではありません。そのしんどさは、「ときには一人《ひとり》になりたい」ということなんですよね。それは人間《にんげん》の自然《しぜん》な感情《かんじょう》です。

「一人《ひとり》ぼっちになりたくない」と思《おも》うのもわかりますが、その気持《きも》ちが強《つよ》すぎると、「一人《ひとり》でいるのはよくないこと」と考《かんが》えるようになり、「一人《ひとり》になりたい」と感《かん》じる自分《じぶん》を責《せ》めてしまうかもしれません。それでは、一人《ひとり》になって一息《ひといき》つくことが難《むずか》しくなります。

心地《ここち》いいバランスは人《ひと》によって違《ちが》います。自分《じぶん》はどんな友《とも》だちづき合《あ》いをすると楽《らく》になるのか、考《かんが》えてみてください。

一人《ひとり》になることを恐《おそ》れずに友《とも》だちづき合《あ》いを考《かんが》えていこう

自分《じぶん》の友《とも》だちづき合《あ》いのバランスを考《かんが》えるときには、食事《しょくじ》の場面《ばめん》を思《おも》い浮《う》かべてみることをおすすめします。

食事《しょくじ》のとき、一人《ひとり》でも全然平気《ぜんぜんへいき》という人《ひと》もいます。そういう過《す》ごし方《かた》が好《す》きな人《ひと》は、一人《ひとり》でいる時間《じかん》をある程度《ていど》つくったほうが、楽《らく》になるかもしれません。

一方《いっぽう》で、食事《しょくじ》のときはいつも誰《だれ》かと一緒《いっしょ》がいいという人《ひと》もいます。そういう人《ひと》は、友《とも》だちと一緒《いっしょ》にいる時間《じかん》を長《なが》くとったほうが、心地《ここち》よく過《す》ごせますよね。

みなさんは、自分《じぶん》がどちらのタイプだと思《おも》いますか？ 食事《しょくじ》の場面《ばめん》でイメージしにくければ、学校《がっこう》の休《やす》み時間《じかん》や部活動《ぶかつどう》の時間《じかん》などで、自分《じぶん》が心地《ここち》よく過《す》ごせているときを思《おも》い出《だ》してみてください。

一人《ひとり》でいるのは、よくないことではありません。ストレスをためこまないよう、**自分《じぶん》が「一人《ひとり》でいたい時間《じかん》」はどのくらいなのかを考《かんが》えて、自分《じぶん》が楽《らく》に過《す》ごせる友《とも》だちづき合《あ》いのバランスを整《ととの》えていきましょう。**

あなたが一人《ひとり》でいたい時間《じかん》は？

12時間《じかん》
一日《いちにち》の大半《たいはん》は一人《ひとり》でいたいタイプ。放課後《ほうかご》は家《いえ》に帰《かえ》って好《す》きなことをしたい

4～5時間《じかん》
友《とも》だちともそれなりにつき合《あ》いたいけど、一人《ひとり》の時間《じかん》も大事《だいじ》にしたいタイプ。ほどよいバランスが心地《ここち》よい

1～2時間《じかん》
基本的《きほんてき》には友《とも》だちと一緒《いっしょ》にいたいタイプ。一人《ひとり》でいる時《じ》間《かん》が嫌《いや》なわけではない

0時間《じかん》
いつもなるべく誰《だれ》かと一緒《いっしょ》にいたいタイプ。空《あ》いた時間《じかん》ができると友《とも》だちとの予定《よてい》を入《い》れたくなる

一人《ひとり》でいる時間《じかん》が多《おお》くても少《すく》なくてもOK。心地《ここち》よいバランスを見《み》つけよう

まとめ

「友《とも》だちと一緒《いっしょ》にいたい」「一人《ひとり》でいたい」どちらの気持《きも》ちも大事《だいじ》にしよう。

悩《なや》み
16

一人《ひとり》が楽《らく》なのに心配《しんぱい》されてしまう

一人《ひとり》でいるのが好《す》きだけど「世間《せけん》の目《め》」も気《き》になる

自分《じぶん》は「一人《ひとり》でいたいタイプ」だということを、すでに自覚《じかく》しているという人《ひと》もいるでしょう。一人《ひとり》でいるのが好《す》きで、無理《むり》にノリを合《あ》わせることもない。一人《ひとり》でも、気楽《きらく》にやっている。そういう人《ひと》もいます。

ただ、そのタイプの人《ひと》が友《とも》だちづき合《あ》いに悩《なや》んでいないのかというと、そうでもありません。一人《ひとり》で楽《たの》しくやっていても、不安《ふあん》になることはあります。まわりの人《ひと》から「変《へん》だ」と言《い》われたり、一人《ひとり》ぼっちで寂《さび》しいやつだと馬鹿《ばか》にされたり。「一人《ひとり》でも別《べつ》にかまわない」と思《おも》っていても、からかわれたりすることが続《つづ》けば、嫌《いや》な気持《きも》ちになるものです。そういう「世間《せけん》の目《め》」を、どう考《かんが》えていけばいいのでしょうか。

一人《ひとり》でいることに、どのくらいストレスを感《かん》じるか

いつも一人《ひとり》でいると、不便《ふべん》なこともあります。例《たと》えば、授業《じゅぎょう》で共同作業《きょうどうさぎょう》をするとき、自分《じぶん》だけ仲間《なかま》を見《み》つけることができず、どこかのグループに入《い》れてもらう形《かたち》になってしまう。自分《じぶん》も気《き》まずいし、グループの人《ひと》たちも歓迎《かんげい》ムードではない。そんな場面《ばめん》では、気安《きやす》い関係《かんけい》の友《とも》だちがいないことをみじめに感《かん》じるかもしれません。翌日《よくじつ》の予定《よてい》や持《も》ち物《もの》がわからなくなってしまったときにも、気軽《きがる》に質問《しつもん》できる相手《あいて》がいないと困《こま》りますよね。

一人《ひとり》でいるか、少《すこ》しは友《とも》だちに合《あ》わせるかを悩《なや》んだときには、そういう困《こま》りごとを**自分《じぶん》がどのくらいストレスに感《かん》じるかを考《かんが》えてみるのもいい**と思《おも》います。一緒《いっしょ》に行動《こうどう》できる相手《あいて》がいないことをみじめに感《かん》じるのなら、友《とも》だちづき

合《あ》いを見直《みなお》してもいいかもしれません。一方《いっぽう》で、多少《たしょう》の不便《ふべん》があっても一人《ひとり》でいるほうが気楽《きらく》でいいと思《おも》うのなら、無理《むり》に交流《こうりゅう》を広《ひろ》げる必要《ひつよう》はないでしょう。

教室《きょうしつ》という狭《せま》いコミュニティを息苦《いきぐる》しいと感《かん》じたら

学校《がっこう》の教室《きょうしつ》というのは、とても狭《せま》いコミュニティです。固定《こてい》されたメンバーで毎日《まいにち》を過《す》ごすので、その関係性《かんけいせい》のなかで教室《きょうしつ》の「普通《ふつう》」ができあがります。その「普通《ふつう》」になじめない人《ひと》にとっては、息苦《いきぐる》しい空間《くうかん》になるかもしれません。一人《ひとり》で過《す》ごしたくても、みんなで同《おな》じ空間《くうかん》にいれば、どうしても接点《せってん》ができます。そういう接点《せってん》をわずらわしく感《かん》じるのなら、**無理《むり》にそのコミュニティで過《す》ごそうとしないで、少《すこ》し外《そと》に出《で》てもいい**と思《おも》います。

校庭《こうてい》や図書館《としょかん》で、一人《ひとり》のんびり過《す》ごしてもいい

教室《きょうしつ》にいると一人《ひとり》でのんびり過《す》ごせないという人《ひと》は、学校《がっこう》のなかでお気《き》に入《い》りのスポットを探《さが》してみてください。**友《とも》だちとではなく、一人《ひとり》で居心地《いごこち》のいい場所《ばしょ》に行《い》く。**そうすると、教室《きょうしつ》の雰囲気《ふんいき》に染《そ》まらなくてもよくなります。

また、教室《きょうしつ》にいるとしても、同級生《どうきゅうせい》にからもうとしないで、その日《ひ》の宿題《しゅくだい》をやるのもいいと思《おも》います。自分《じぶん》の好《す》きな本《ほん》を読《よ》んで過《す》ごすというのもおすすめです。

学校《がっこう》には「休《やす》み時間《じかん》は友《とも》だちと交流《こうりゅう》するのがいい」という価値観《かちかん》が広《ひろ》がっていることも多《おお》いですが、そうとはかぎりません。友《とも》だちと交流《こうりゅう》しないことに、罪悪感《ざいあくかん》を持《も》つ必要《ひつよう》はないんです。

同級生《どうきゅうせい》を避《さ》けるというよりは、自分《じぶん》らしい過《す》ごし方《かた》をする。自分《じぶん》で自分《じぶん》をいたわる。そういう意識《いしき》を持《も》つと、「世間《せけん》の目《め》」を気《き》にしすぎずに割《わ》り切《き》って生活《せいかつ》できると思《おも》います。試《ため》してみてください。

校内《こうない》にもマイペースで過《す》ごせる場所《ばしょ》があるかもしれない

まとめ

自分《じぶん》一人《ひとり》だけの居場所《いばしょ》は、工夫次第《くふうしだい》で教室《きょうしつ》の外《そと》にも中《なか》にもつくることができる。

悩《なや》み 17

そもそも友《とも》だちがつまらなく感《かん》じる

興味《きょうみ》が合《あ》わないのは、誰《だれ》のせいでもない

友《とも》だちにノリを合《あ》わせることを、馬鹿《ばか》らしいと思《おも》う人《ひと》もいるかもしれません。学校《がっこう》で同級生《どうきゅうせい》と話《はな》していて、つまらないと思《おも》うことがある。いつまでこの話《はなし》につき合《あ》わなければいけないのか、と感《かん》じてしまう。でも、相手《あいて》を拒絶《きょぜつ》したいというほどでもない。だからなんとなくつき合《あ》っているけど、友《とも》だちづき合《あ》いを苦痛《くつう》だと感《かん》じることが増《ふ》えてきた、というような悩《なや》みです。

友《とも》だちの話《はなし》に興味《きょうみ》を持《も》てないのは、友《とも》だちもあなたも悪《わる》くありません。興味《きょうみ》の対象《たいしょう》が合《あ》わないというだけです。「つまらない」と思《おも》うのは仕方《しかた》がない。そのことに罪悪感《ざいあくかん》を持《も》たないで、「では、自分《じぶん》はどうしたいのか」ということを考《かんが》えていきましょう。

あなたは一人《ひとり》でいる時間《じかん》を大切《たいせつ》にしたいタイプなのかもしれません。友《とも》だちと長時間《ちょうじかん》、おしゃべりをしたいわけではないなら、生活《せいかつ》スタイルを変《か》えましょう。最初《さいしょ》は友《とも》だちから「最近《さいきん》ノリ悪《わる》いな」と言《い》われることもあると思《おも》います。でも、**無理《むり》につき合《あ》わず、自分《じぶん》のペースを大事《だいじ》にすると、いずれスタイルができあがります。**例《たと》えば、自分《じぶん》のことを「長話《ながばなし》をしない人《ひと》」として定着《ていちゃく》させていくと、あいさつや世間話《せけんばなし》はするけれど、だらだらとおしゃべりはしない、ほどよい友《とも》だち関係《かんけい》をつくることができるかもしれません。

世《よ》の中《なか》には、どんな話題《わだい》でもそれなりにおしゃべりができるという人《ひと》もいます。あまり興味《きょうみ》がないことにも一定《いってい》の関心《かんしん》を持《も》って、相手《あいて》の話《はなし》を聞《き》いたり、自分《じぶん》の気持《きも》ちを話《はな》したりすることができる。そういう人《ひと》は、友《とも》だちとのおしゃべりにつき合《あ》うのも簡単《かんたん》でしょう。

一方《いっぽう》で、特定《とくてい》の話題《わだい》であれば楽《たの》しく話《はな》せるけれど、興味《きょうみ》のないことにまでつき合《あ》っていられないというタイプの人《ひと》もいます。このタイプの場合《ばあい》、仲《なか》のいい友《とも》だちが相手《あいて》でも、話《はなし》が合《あ》わなければ退屈《たいくつ》してしまうこともあります。あたりまえなようで忘《わす》れがちですが、**コミュニケーションのスタイルは、人《ひと》によって違《ちが》うんです。**どちらがいいということはありません。

お互《たが》いに嫌《いや》な関《かか》わり方《かた》をしなければよい

うまく受《う》け答《こた》えできない話題《わだい》があるからといって、それをうしろめたく思《おも》う必要《ひつよう》はありませんが、一方《いっぽう》で、話《はなし》がつまらないと思《おも》う相手《あいて》に対《たい》して、自分《じぶん》も嫌《いや》な関《かか》わり方《かた》をしないように気《き》をつけましょう。

「考《かんが》えが子《こ》どもっぽくてつまらない」「ギャグのセンスがなくて最悪《さいあく》」などと

伝《つた》えたら、相手《あいて》はもちろん嫌《いや》な気持《きも》ちになりますし、いままで通《どお》り話《はな》すことができなくなってしまうかもしれません。それは相手《あいて》の「自分《じぶん》らしさ」を尊重《そんちょう》していない行為《こうい》ですよね。

お互《たが》いに、コミュニケーションのスタイルが違《ちが》うだけ。自分《じぶん》も相手《あいて》も大事《だいじ》にするために、そのことを忘《わす》れないようにしていてください。

自分《じぶん》が話《はな》したいと思《おも》える コミュニケーションスタイルを考《かんが》える

「特定《とくてい》の話題《わだい》で盛《も》り上《あ》がりたい」というタイプは、**趣味《しゅみ》の活動《かつどう》で仲間《なかま》を探《さが》したり、似《に》たような人《ひと》が集《あつ》まるサークル活動《かつどう》などに参加《さんか》してみるのもいい**かもしれません。ある程度《ていど》の年齢《ねんれい》になってインターネットをうまく使《つか》えるようになってきたら、冒頭《ぼうとう》のマンガのようにオンラインで仲間《なかま》と交流《こうりゅう》するのも一《ひと》つの方法《ほうほう》です。もちろん、危《あぶ》ないことに巻《ま》き込《こ》まれないよう、信頼《しんらい》できる大人《おとな》に相談《そうだん》しながら交流《こうりゅう》するのがベストです。

対面《たいめん》で話《はな》すよりも、音声通話《おんせいつうわ》やテキストメッセージでやりとりをするほうが好《す》きだという人《ひと》もいます。せっかく便利《べんり》なツールがたくさんある時代《じだい》なのですから、自分《じぶん》が話《はな》しやすい環境《かんきょう》を選《えら》んでいきましょう。

コミュニティ、話《はな》す内容《ないよう》、交流手段《こうりゅうしゅだん》。それぞれ少《すこ》しずつ変《か》えながら、自分《じぶん》が話《はな》していて楽《たの》しいと思《おも》える仲間《なかま》を探《さが》してみてください。

まとめ

自分《じぶん》が「おもしろい」と感《かん》じる気持《きも》ちに素直《すなお》になって、話《はな》し相手《あいて》を選《えら》んでいこう。

悩《なや》み
18

「自分《じぶん》らしさ」を親《おや》が認《みと》めてくれない

自分《じぶん》らしくがんばっているのに親《おや》が「それじゃダメ」と言《い》う

友《とも》だち関係《かんけい》よりも親子《おやこ》関係《かんけい》で、自分《じぶん》らしさを出《だ》せずに悩《なや》んでいる人《ひと》もいます。自分《じぶん》の好《す》きなことがわかってきたけど、親《おや》と考《かんが》え方《かた》が合《あ》わない。がんばっているのに、親《おや》は「それじゃダメでしょう」と言《い》ってくる。自分《じぶん》の「普通《ふつう》」と親《おや》の「普通《ふつう》」が合《あ》わないという悩《なや》みです。

親子《おやこ》で意見《いけん》が合《あ》わないというのは、昔《むかし》からよくあることです。昔《むかし》は親《おや》から勘《かん》当《どう》されて、家《いえ》を飛《と》び出《だ》す人《ひと》もいました。でも、自分《じぶん》の考《かんが》えを貫《つらぬ》いて、社会《しゃかい》に出《で》て成功《せいこう》した人《ひと》もいます。いまは家《いえ》から追《お》い出《だ》されるようなことはほとんどないと思《おも》いますが、親子《おやこ》で考《かんが》えが合《あ》わず、衝突《しょうとつ》することは少《すく》なくないでしょう。

親《おや》はいつか子《こ》どもの考《かんが》えを認《みと》めるのか。それとも一生平行線《いっしょうへいこうせん》なのか。親《おや》のことは気《き》にしないで、社会《しゃかい》で自分《じぶん》らしく生《い》きていったほうがいいのか。親子《おやこ》の間《あいだ》のすれ違《ちが》いを、どう考《かんが》えればいいのでしょうか。

思春期《ししゅんき》に親子《おやこ》の関係《かんけい》が微妙《びみょう》になるのはあたりまえ

一般的《いっぱんてき》に、思春期《ししゅんき》になると同世代《どうせだい》に対《たい》して仲間意識《なかまいしき》を持《も》ちやすくなります。その一方《いっぽう》で、上《うえ》の世代《せだい》には一線《いっせん》を画《かく》すようになる。**自分《じぶん》と大人《おとな》の間《あいだ》に、線《せん》を引《ひ》きたくなる**んですね。人《ひと》によっては、大人《おとな》の世代《せだい》に反発《はんぱつ》を感《かん》じたりもします。

親《おや》というのは、「大人《おとな》の世代《せだい》」の代表的《だいひょうてき》な存在《そんざい》です。思春期《ししゅんき》には「親《おや》の意見《いけん》なんか聞《き》きたくない」と思《おも》ったりもします。自分《じぶん》の考《かんが》えと親《おや》の考《かんが》えが合《あ》わないというのは、珍《めずら》しいことではないんです。

自分《じぶん》の考《かんが》えを持《も》つから親《おや》と合《あ》わないことも出《で》てくる

親子《おやこ》で多少《たしょう》、意見《いけん》が合《あ》わないことがあっても、親《おや》が子《こ》どものやりたいことを理解《りかい》していて、子《こ》どもががんばっているときに共感《きょうかん》や応援《おうえん》をしてくれる場合《ばあい》はいいのですが、そういう関係《かんけい》になれない場合《ばあい》もあります。なかには、子《こ》どもの話《はなし》を聞《き》かずに、自分《じぶん》の意見《いけん》を押《お》しつけてくるようなこともあるでしょう。

子《こ》どもは、小《ちい》さい頃《ころ》は親《おや》の言《い》うことを正《ただ》しいと思《おも》っていて、親《おや》の話《はなし》を聞《き》こうとしますが、**思春期《ししゅんき》になると、自分《じぶん》には自分《じぶん》の考《かんが》えがあることを自覚《じかく》していきます。**親《おや》の付属物《ふぞくぶつ》ではなく、親《おや》とは違《ちが》う考《かんが》えを持《も》つ一人《ひとり》の人間《にんげん》だと気《き》づくんですね。そして、親《おや》も間違《まちが》えることがある、とわかっていきます。

そのとき、親子《おやこ》がお互《たが》いの考《かんが》えをそれなりに認《みと》め合《あ》える関係《かんけい》になれたらいいのですが、親《おや》が子《こ》どもにいつまでも言《い》うことを聞《き》かせようとする場合《ばあい》や、子《こ》どもが親《おや》に必要以上《ひつよういじょう》に反発《はんぱつ》してしまう場合《ばあい》もあります。

親《おや》に相談《そうだん》できない場合《ばあい》は ほかに頼《たよ》りになる大人《おとな》を探《さが》そう

親子関係《おやこかんけい》がうまくいかないときに、親《おや》に理解《りかい》を求《もと》めるのは難《むずか》しいかもしれません。友《とも》だちにしか話《はなし》が通《つう》じないという時期《じき》もあるでしょう。ただ、どんな悩《なや》みも友《とも》だちに相談《そうだん》すれば乗《の》り越《こ》えていけるかというと、そうでもないと思《おも》います。やはり**大人《おとな》のほうがいろいろな経験《けいけん》を積《つ》んでいて、頼《たよ》りになることもある。**

親《おや》にはあまり相談《そうだん》できないという人《ひと》は、親以外《おやいがい》で誰《だれ》か、頼《たよ》りになる大人《おとな》を探《さが》しましょう。自分《じぶん》よりも上《うえ》の世代《せだい》で、自分《じぶん》にはない知識《ちしき》や経験《けいけん》を持《も》っている人《ひと》を思《おも》い浮《う》かべてみてください。学校《がっこう》の先生《せんせい》、部活動《ぶかつどう》や習《なら》い事《ごと》の先生《せんせい》、親以外《おやいがい》の親族《しんぞく》などのなかに、腹《はら》を割《わ》って話《はな》せる相手《あいて》がいれば、困《こま》ったときに頼《たよ》りになります。また、公《こう》共機関《きょうきかん》にも電話《でんわ》やチャットで相談《そうだん》できる窓口《まどぐち》があります。

・**24時間子供《じかんこども》SOSダイヤル**
0120-0-78310（24時間対応可能《じかんたいおうかのう》）
地域《ちいき》の教育委員会《きょういくいいんかい》の相談機関《そうだんきかん》につながります。
子《こ》どもの悩《なや》み全般《ぜんぱん》に対応《たいおう》しています。

・**チャイルドライン**
0120-99-7777（年末年始《ねんまつねんし》などを除《のぞ》く16時《じ》～21時《じ》）
https://childline.or.jp/
18歳《さい》までの子《こ》ども専用《せんよう》の相談窓口《そうだんまどぐち》。
チャットによる相談《そうだん》が可能《かのう》な日《ひ》もあります。

※2023年《ねん》1月現在《がつげんざい》の情報《じょうほう》です。

ここで挙《あ》げた窓口以外《まどぐちいがい》にも相談《そうだん》できる機関《きかん》はあるので市区町《しくちょう》村《そん》のホームページなどをチェックしてみよう

まとめ

親子関係《おやこかんけい》が微妙《びみょう》になるのは珍《めずら》しくない。そのときは「頼《たよ》れるほかの大人《おとな》」を探《さが》しに行《い》くのもいい。

悩《なや》み
19

勉強《べんきょう》や人間関係《にんげんかんけい》がうまくいかない

みんなが普通《ふつう》にできることが自分《じぶん》にはできない

自分《じぶん》らしくがんばっているつもりだけど、うまくいかなくて、自信《じしん》が持《も》てないという人《ひと》もいるでしょう。

勉強《べんきょう》も運動《うんどう》も、友《とも》だち関係《かんけい》も、自分《じぶん》なりに一生懸命《いっしょうけんめい》やっている。でもうまくいかない。みんなが普通《ふつう》にできていることが、自分《じぶん》にはできない。特別《とくべつ》なことはできなくてもいいけど、せめてみんなと同《おな》じように、普通《ふつう》にできるようになりたい。そういう話《はなし》を聞《き》くこともあります。

この本《ほん》では「自分《じぶん》を大切《たいせつ》に」ということを繰《く》り返《かえ》し書《か》いていますが、この本《ほん》を読《よ》んでいるみなさんのなかにも、自分《じぶん》のやり方《かた》に自信《じしん》を持《も》てない人《ひと》、「自分《じぶん》らしさ」をいいと思《おも》えない人《ひと》もいるかもしれません。

普通《ふつう》にできない人《ひと》も社会《しゃかい》に出《で》てやっていける？

こんなことを言《い》ってもきれいごとにしかなりませんが、**勉強《べんきょう》や運動《うんどう》、人間関係《にんげんかんけい》が苦手《にがて》な人《ひと》は昔《むかし》からたくさんいます。**その人《ひと》たちの多《おお》くは苦手《にがて》なことがあっても社会《しゃかい》に出《で》て、活動《かつどう》しています。みなさんもインターネットなどで、そういう人《ひと》の体験談《たいけんだん》や苦労話《くろうばなし》なんかを見《み》ることがあると思《おも》います。苦手《にがて》なことがあっても、やりようはあるんです。

ただ、いまこの瞬間《しゅんかん》にも苦手《にがて》なことに思《おも》い悩《なや》み、うまくいかない日々《ひび》を送《おく》っている人《ひと》には、そんな先《さき》のことは考《かんが》えられないかもしれません。「苦手《にがて》なことがあっても、自分《じぶん》らしさを大切《たいせつ》に」と言《い》われて、それで安心《あんしん》できるかというと、そうでもないですよね。

どうしても自信《じしん》が持《も》てない人《ひと》は大人《おとな》にモヤモヤを相談《そうだん》しよう

この本《ほん》を読《よ》んでも悩《なや》みが晴《は》れず、自分《じぶん》を大切《たいせつ》にしたいと思《おも》えない人《ひと》は、**誰《だれ》か頼《たよ》りになる大人《おとな》に相談《そうだん》して、一緒《いっしょ》に考《かんが》えてもらいましょう。**

スクールカウンセラーに相談《そうだん》するのもいいと思《おも》います。カウンセラーというと、心《こころ》が病気《びょうき》がちなときに頼《たよ》る相手《あいて》という印象《いんしょう》があるかもしれませんが、「勉《べん》強《きょう》ができない」というような、モヤモヤした気持《きも》ちを相談《そうだん》してもいいんです。

まとめ

一人《ひとり》では悩《なや》みが晴《は》れず、光《ひかり》が見《み》えないときは、カウンセラーなどの大人《おとな》に相談《そうだん》する。

悩《なや》み
20

「自分《じぶん》は発達障害《はったつしょうがい》かも」と思《おも》った

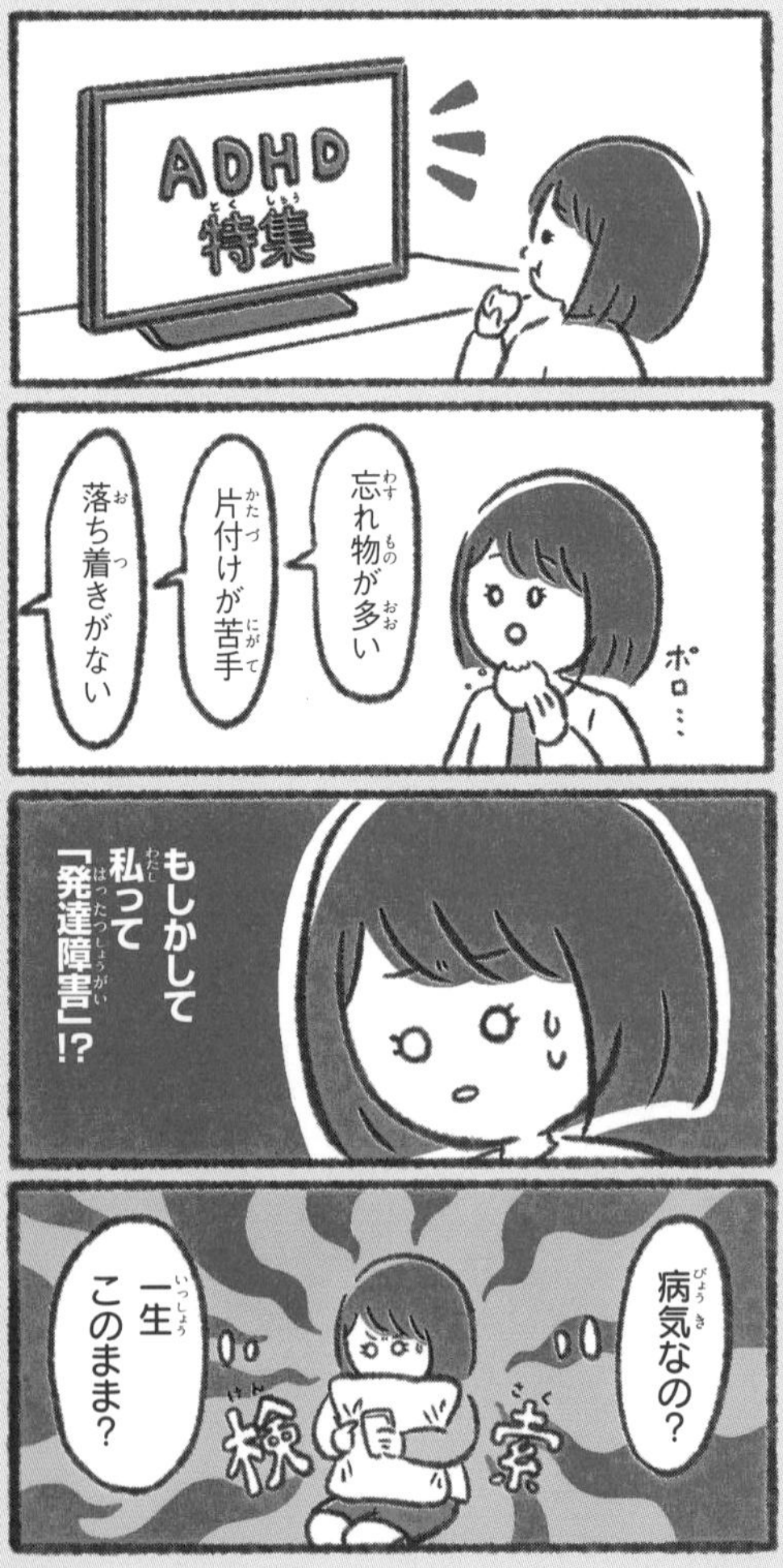

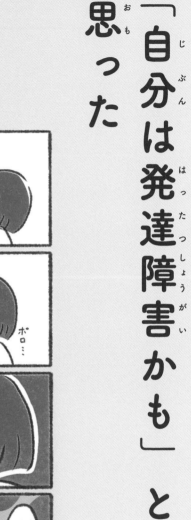

自分《じぶん》の悩《なや》みが「発達障害《はったつしょうがい》」に当《あ》てはまるような気《き》がする

うまくできないことがあって悩《なや》んでいるときに、身近《みぢか》にいい相談相手《そうだんあいて》がいないと、一人《ひとり》であれこれと考《かんが》え込《こ》んでしまう場合《ばあい》もあると思《おも》います。

例《たと》えば、忘《わす》れ物《もの》が多《おお》くて困《こま》っているときに誰《だれ》にも相談《そうだん》できなければ、自分《じぶん》で工夫《くふう》しますよね。メモをとったり確認《かくにん》の回数《かいすう》を増《ふ》やしたり。テレビやインターネットで、同《おな》じ悩《なや》みを抱《かか》えている人《ひと》の話《はなし》を見《み》ることもあると思《おも》います。「忘《わす》れ物《もの》対策《たいさく》」などの情報《じょうほう》を検索《けんさく》したことがある人《ひと》もいるでしょう。

そうやって自分《じぶん》なりに工夫《くふう》しているなかで、「発達障害《はったつしょうがい》」という言葉《ことば》を目《め》にしたことがあるかもしれません。**発達障害《はったつしょうがい》とは、いくつかの特性《とくせい》があることによって生活上《せいかつじょう》の支障《ししょう》が出《で》ている状態《じょうたい》のこと**を言《い》います。

「悩《なや》みが当《あ》てはまる＝発達障害《はったつしょうがい》」と決《き》めつけることはできない

発達障害《はったつしょうがい》には自閉《じへい》スペクトラム症《しょう》（ＡＳＤ）や注意欠如《ちゅういけつじょ》・多動症《たどうしょう》（ＡＤＨＤ）などの種類《しゅるい》があります。「忘《わす》れ物《もの》が多《おお》い」というのは、ＡＤＨＤの特性《とくせい》がある人《ひと》に見《み》られる特徴《とくちょう》の一《ひと》つです。そのほかにも「落《お》ち着《つ》きがない」「うっかりミスが多《おお》い」「時間《じかん》にルーズ」などの特徴《とくちょう》があります。そういう情報《じょうほう》を見《み》て、当《あ》てはまる部分《ぶぶん》が多《おお》いと、「自分《じぶん》は発達障害《はったつしょうがい》かも」と感《かん》じることがあるかもしれません。

しかし、**特徴《とくちょう》が当《あ》てはまるからと言《い》って発達障害《はったつしょうがい》と決《き》めつけることはできません。**世《よ》の中《なか》の、忘《わす》れ物《もの》をする人《ひと》のすべてがＡＤＨＤに該当《がいとう》するわけではないんです。実際《じっさい》に自分《じぶん》がＡＤＨＤに該当《がいとう》するかどうかは、医療機関《いりょうきかん》で診察《しんさつ》を受《う》けてみなければ、わかりませんん。

発達障害《はったつしょうがい》は病気《びょうき》や障害《しょうがい》というより一《ひと》つのタイプのようなもの

「障害《しょうがい》」「診察《しんさつ》」と言《い》われると、「自分《じぶん》は病気《びょうき》なのだろうか」と、怖《こわ》くなる人《ひと》もいると思《おも》います。そんな人《ひと》のために、発達障害《はったつしょうがい》のことを少《すこ》し説明《せつめい》しましょう。

発達障害《はったつしょうがい》は、病気《びょうき》や障害《しょうがい》というよりは、「タイプ」のようなものと私《わたし》は考《かんが》えています。例《たと》えばＡＤＨＤには「不注意《ふちゅうい》」「多動性《たどうせい》・衝動性《しょうどうせい》」という二《ふた》つの特《とく》性《せい》がありますが、不注意《ふちゅうい》な人《ひと》は世《よ》の中《なか》にけっこういますよね。不注意《ふちゅうい》というのは、誰《だれ》にでも少《すこ》しはある特性《とくせい》です。**不注意《ふちゅうい》があれば障害《しょうがい》、なければ普通《ふつう》という話《はなし》ではないい**んですね。誰《だれ》しも不注意《ふちゅうい》なところがあるけど、ＡＤＨＤの人《ひと》はそれが特《とく》に強《つよ》い。「人《ひと》とは違《ちが》う病気《びょうき》」というよりは「人《ひと》よりも特徴《とくちょう》が強《つよ》いタイプ」なんです。

タイプに合《あ》わない生活《せいかつ》をしていると困《こま》ってしまう場合《ばあい》もある

例《たと》えば、「明日《あした》持《も》ってきてほしいものを、一度《いちど》しか言《い》わないからしっかり聞《き》いてください」と言《い》われるような環境《かんきょう》では、注意散漫《ちゅういさんまん》なタイプの人《ひと》にはミスが出《で》やすくなります。それに対《たい》して、必要《ひつよう》な持《も》ち物《もの》が一覧《いちらん》でわかりやすく貼《は》り出《だ》されているような環境《かんきょう》であれば、おそらくミスは減《へ》るでしょう。

不注意《ふちゅうい》の特性《とくせい》が強《つよ》い人《ひと》が、必《かなら》ず苦労《くろう》するわけではないんです。**環境《かんきょう》によって、苦労《くろう》の度合《どあ》いは変《か》わり、発達障害《はったつしょうがい》はその度合《どあ》いをふまえて診断《しんだん》されます。**

不注意《ふちゅうい》が強《つよ》くて困《こま》っていればADHDと診断《しんだん》されることもありますが、同《おな》じ程度《ていど》の不注意《ふちゅうい》があっても、快適《かいてき》に過《す》ごせていれば診断《しんだん》されない可能性《かのうせい》もあります。そういう意味《いみ》で、発達障害《はったつしょうがい》は病気《びょうき》というよりも、タイプのようなものです。

自分《じぶん》の特徴《とくちょう》に合《あ》わせて工夫《くふう》したり人《ひと》を頼《たよ》ったりすればいい

発達障害《はったつしょうがい》の特性《とくせい》を一《ひと》つのタイプだとすると、次《つぎ》にやることも見《み》えてきます。その特徴《とくちょう》が、生活上《せいかつじょう》の困難《こんなん》にならないようにしたり、人《ひと》を頼《たよ》ればいいんです。

例《たと》えば、不注意《ふちゅうい》が強《つよ》いタイプなら、ミスをカバーできる環境《かんきょう》をつくっていけばいい。「予備《よび》を用意《ようい》する」「持《も》ち物《もの》を確認《かくにん》する回数《かいすう》を増《ふ》やす」「家族《かぞく》や友《とも》だちに声《こえ》をかけてもらう」という方法《ほうほう》で環境《かんきょう》を整《ととの》えれば、困《こま》ることは減《へ》るでしょう。

ほかの人《ひと》ができていることがうまくできないと、自分《じぶん》が劣《おと》っているように感《かん》じることもあるかもしれません。でも、何度《なんど》も書《か》きましたが、得意不得意《とくいふとくい》があるのはあたりまえのこと。不得意《ふとくい》なことを気《き》にしすぎるあまりに、あなたのよさが消《き》えてしまわないようにしてほしいと思《おも》います。

「発達障害《はったつしょうがい》」が気《き》になる人《ひと》は一度《いちど》、大人《おとな》に相談《そうだん》するのもいい

発達障害《はったつしょうがい》に関《かん》する基本的《きほんてき》な考《かんが》え方《かた》は説明《せつめい》しましたが、「自分《じぶん》は発達障害《はったつしょうがい》かも」と気《き》になる人《ひと》は、一度《いちど》、親《おや》に相談《そうだん》してもいいでしょう。親《おや》には話《はな》しにくいという場合《ばあい》には、学校《がっこう》の先生《せんせい》やスクールカウンセラーだとどうでしょうか。

大人《おとな》の協力《きょうりょく》を得《え》て、医師《いし》などの専門家《せんもんか》の話《はなし》を聞《き》くことができれば、自分《じぶん》の特《とく》

相談《そうだん》　親《おや》やスクールカウンセラーなどに相談《そうだん》する

↓

予約《よやく》　大人《おとな》に病院《びょういん》やクリニックの予約《よやく》をとってもらう

↓

診察《しんさつ》　病院《びょういん》やクリニックに行《い》って、医師《いし》と話《はなし》をする

↓

検査《けんさ》　場合《ばあい》によっては検査《けんさ》を受《う》けて、自分《じぶん》の特性《とくせい》を調《しら》べてもらう

↓

診断《しんだん》　発達障害《はったつしょうがい》の診断《しんだん》が出《で》て、配慮《はいりょ》や支援《しえん》を受《う》けられる場合《ばあい》もある

まずは信頼《しんらい》できる大人《おとな》に相談《そうだん》してみよう

徴《ちょう》をよりくわしく理解《りかい》できます。発達障害《はったつしょうがい》の特性《とくせい》があることがわかって、学校《がっこう》などで配慮《はいりょ》や支援《しえん》を受《う》けられるようになる場合《ばあい》もあります。自分一人《じぶんひとり》の力《ちから》では悩《なや》みごとを解決《かいけつ》できないときには、大人《おとな》を頼《たよ》ることも考《かんが》えてみてください。

まとめ

「発達障害《はったつしょうがい》」はタイプ。自分《じぶん》の特徴《とくちょう》に合《あ》わせて生活《せいかつ》を整《ととの》えよう。

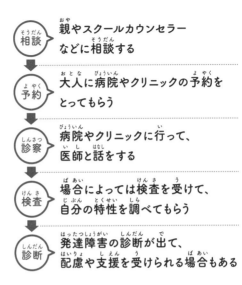

「普通《ふつう》」は時代《じだい》や環境《かんきょう》によってコロッと変《か》わる

この章《しょう》で説明《せつめい》してきたように、「普通《ふつう》ではない」ということは、必《かなら》ずしも悪《わる》いことではありません。普通《ふつう》のやり方《かた》ではうまくできなかったとしても、ほかにいくらでもやりようはある。みなさんにはそのことを覚《おぼ》えておいてほしいと思《おも》います。

「普通《ふつう》はこうでしょ」「普通《ふつう》に考《かんが》えればわかるでしょ」とまわりの人《ひと》に口々《くちぐち》に言《い》われると、まるで自分《じぶん》には見《み》えないルールに違反《いはん》しているかのような気持《きも》ちになって、不安《ふあん》に感《かん》じてしまうこともあるかもしれません。

でも「普通《ふつう》」というのは、そもそもとても不確《ふたし》かなもの。その基準《きじゅん》は時代《じだい》や環境《かんきょう》によってコロッと変《か》わります。かつて日本《にほん》では、女性《じょせい》は結婚《けっこん》したら仕事《しごと》をやめて専業主婦《せんぎょうしゅふ》になるのが普通《ふつう》でした。でもいまは、共働《ともばたら》き世帯《せたい》が専業主婦《せんぎょうしゅふ》世《せ》帯《たい》の数《かず》を上回《うわまわ》っています。

また、昔《むかし》は真夏《まなつ》でも「運動中《うんどうちゅう》には水《みず》を飲《の》まない」ということが普通《ふつう》でした。水《みず》を飲《の》まずにがんばるのが、いい鍛錬《たんれん》になると言《い》われたりしたんです。でもいまでは、熱中症《ねっちゅうしょう》を防《ふせ》ぐために水分補給《すいぶんほきゅう》をすることはあたりまえのことです。

時代《じだい》の変化《へんか》だけではなく、海外《かいがい》に行《い》くだけで日本《にほん》の「普通《ふつう》」とはまったく違《ちが》う価値観《かちかん》があります。もちろん、海外《かいがい》から見《み》た日本《にほん》も同《おな》じように「普通《ふつう》」ではない部分《ぶぶん》がたくさんあるでしょう。

このように、**普遍的《ふへんてき》な考《かんが》え方《かた》、倫理的《りんりてき》な価値観《かちかん》のように思《おも》えることは、時代《じだい》や環境《かんきょう》によって変《か》わることも多《おお》いものです。**簡単《かんたん》に移《うつ》ろう「普通《ふつう》」を気《き》にして、自分《じぶん》の大切《たいせつ》なエネルギーを使《つか》ったり、振《ふ》り回《まわ》されたりするのはちょっともったいないですよね。

普通《ふつう》＝正《ただ》しいではないと覚《おぼ》えておこう

多《おお》くの人《ひと》に「普通《ふつう》はこう」と言《い》われると、そちらが正《ただ》しいような気《き》になるかもしれません。でも、**自分《じぶん》の考《かんが》え方《かた》とは違《ちが》っていて、それが正《ただ》しいこと、望《のぞ》ましいことだと思《おも》えないのなら、そんな「普通《ふつう》」に従《したが》う必要《ひつよう》はありません。**

例《たと》えば極端《きょくたん》な話《はなし》になりますが、犯罪集団《はんざいしゅうだん》のなかにいれば、誰《だれ》かをだましてお金《かね》を巻《ま》き上《あ》げることが「普通《ふつう》」になってしまいます。でも、それは正《ただ》しいことではないですよね。

このように、「普通《ふつう》」というワードは、誰《だれ》かにとって都合《つごう》のいい環境《かんきょう》をつくるために使《つか》われることもあるもの。誰《だれ》かに押《お》し付《つ》けられた「普通《ふつう》」を無理《むり》に飲《の》み込《こ》もうとしなくて大丈夫《だいじょうぶ》です。

他人《たにん》の「普通《ふつう》」よりも「自分《じぶん》らしさ」を大事《だいじ》にしよう

はっきり言《い》ってしまえば、「普通《ふつう》」というのはいらない価値観《かちかん》なんです。私《わたし》は、そんな価値観《かちかん》を気《き》にする必要《ひつよう》はないと思《おも》っています。

多《おお》くの人《ひと》が言《い》う「普通《ふつう》」を観察《かんさつ》してみると、じつは多数派《たすうは》の意見《いけん》やローカルルール、全体《ぜんたい》の平均値《へいきんち》だったりします。ある程度《ていど》参考《さんこう》にはなりますが、誰《だれ》にでも通《つう》じる普遍的《ふへんてき》な真実《しんじつ》ではないんですね。そんな価値観《かちかん》にしばられていたら、判断《はんだん》を誤《あやま》ってしまうこともあります。

多《おお》くの人《ひと》が「普通《ふつう》」と言《い》っていることでも、「これはおかしいな」「自分《じぶん》には合《あ》わないな」と思《おも》ったら、その価値観《かちかん》は捨《す》ててしまいましょう。**それよりも自《じ》分自身《ぶんじしん》が「これが大切《たいせつ》だ」と思《おも》うことを大事《だいじ》にしてください。**

世《よ》の中《なか》にはさまざまなコミュニティがあります。いまは周囲《しゅうい》の「普通《ふつう》」と自《じ》分《ぶん》が「大切《たいせつ》だ」と感《かん》じることが一致《いっち》しないかもしれませんが、自分《じぶん》らしく過《す》ごしていくなかで、**あなたが大切《たいせつ》だと思《おも》うことを同《おな》じように大切《たいせつ》に考《かんが》える人《ひと》たちと出会《であ》える日《ひ》もくるはず**です。みなさんには「普通《ふつう》かどうか」を気《き》にするよりも、「自分《じぶん》らしく過《す》ごせているか」を大事《だいじ》にしてほしいと思《おも》います。

まとめ

「普通《ふつう》」というのは、人生《じんせい》に必要《ひつよう》ない価値観《かちかん》。
そんなことよりも「自分《じぶん》らしさ」を大切《たいせつ》に。

第《だい》5章《しょう》

「みんなと違《ちが》う」自分《じぶん》との向《む》き合《あ》い方《かた》

想像《そうぞう》するよりも生《い》き方《かた》はたくさんある

ここまで、20個《こ》の具体的《ぐたいてき》な悩《なや》みを取《と》り上《あ》げることで、さまざまな角度《かくど》から「あなた自身《じしん》を大切《たいせつ》にしてほしい」ということを伝《つた》えてきました。

先生《せんせい》や親《おや》から言《い》われていること、学校生活《がっこうせいかつ》で理想《りそう》とされていることが、すべてではありません。そして、問題《もんだい》への取《と》り組《く》み方《かた》、発想《はっそう》の転換《てんかん》の仕方《しかた》は想像《そうぞう》しているよりもたくさんあるものです。取《と》り入《い》れてもいいかなと思《おも》う方法《ほうほう》から試《ため》してみてください。

最後《さいご》に、個々《ここ》のテーマで伝《つた》えてきたメッセージを振《ふ》り返《かえ》りながら、改《あらた》めて、「みんなと違《ちが》う」自分《じぶん》との向《む》き合《あ》い方《かた》、そしてまわりの人《ひと》への接《せっ》し方《かた》について考《かんが》えていきたいと思《おも》います。

「普通《ふつう》」を盾《たて》に異《こと》なる意見《いけん》を封《ふう》じようとする人《ひと》にはつき合《あ》わなくていい

「普通《ふつう》」を押《お》しつけるのはろくでもないこと

世《よ》の中《なか》には「普通《ふつう》はこうするもの」と言《い》って、自分《じぶん》の「普通《ふつう》」を押《お》しつける人《ひと》がいます。例《たと》えば学校《がっこう》の部活動《ぶかつどう》で、先生《せんせい》や先《せん》輩《ぱい》が「普通《ふつう》のやり方《かた》」でやるように指示《しじ》してくることがありますよね。そのなかにはもちろん適切《てきせつ》な方法《ほうほう》もありますが、上《うえ》に立《た》つ人《ひと》にとって都合《つごう》がいいから採用《さいよう》している、という方法《ほうほう》もあります。

そういう環境《かんきょう》では、誰《だれ》かが異論《いろん》をとなえ

ると「いや、これが普通《ふつう》だから」と言《い》われたりします。**大事《だいじ》なのは「普通《ふつう》かどうか」ではなく「適切《てきせつ》かどうか」**のはずなのに、「普通《ふつう》」を理由《りゆう》にして、異《こと》なる意見《いけん》を封《ふう》じようとする人《ひと》がいるんです。

そうやってコミュニケーションを拒絶《きょぜつ》し、異《こと》なる意見《いけん》を排除《はいじょ》するというのは、ろくでもないことです。そんな「普通《ふつう》」に従《したが》う必要《ひつよう》はありません。そういう話《はなし》を聞《き》いていると、自分《じぶん》らしさはどんどんすり減《へ》っていってしまいます。

もしも「自分《じぶん》らしさ」を誰《だれ》かにからかわれたら

みんなの「普通《ふつう》」とは違《ちが》うことをすると、からかわれることもあるかもしれません。自分《じぶん》は思《おも》った通《とお》りにしているだけなのに、からかわれたり、いじられたり。そんなときは自分《じぶん》が嫌《いや》になることも、言《い》ってきた人《ひと》のことを嫌《きら》いになってしまうこともあるでしょう。

でも、**個性的《こせいてき》であることは、あなたの落《お》ち度《ど》ではありません。**あなたが誰《だれ》かの「普通《ふつう》」にフィットしなかったからといって、それは悪《わる》いことではない。相《あい》手《て》の「普通《ふつう》」に、無理《むり》になじもうとしなくていいんです。

嫌《いや》ないじり方《かた》をしてくる人《ひと》とは関《かか》わらないようにする

自分《じぶん》には落《お》ち度《ど》がないのに、嫌《いや》ないじり方《かた》をする人《ひと》がいたら、その人《ひと》とは関《かか》わらないようにしましょう。そういう人《ひと》は自分《じぶん》の「普通《ふつう》」にとらわれていて、人《ひと》の考《かんが》えを聞《き》けないことが多《おお》いので、話《はなし》が通《つう》じない可能性《かのうせい》が高《たか》いです。

関《かか》わらないようにしているのに、それでもしつこくからかってくるようなら、大人《おとな》に相談《そうだん》してください。**人《ひと》の個性《こせい》をからかうというのは、相手《あいて》の尊厳《そんげん》を攻撃《こうげき》する重大《じゅうだい》な問題行為《もんだいこうい》**です。しっかり対処《たいしょ》してくれる大人《おとな》に相談《そうだん》しましょう。

親《おや》や担任《たんにん》の先生《せんせい》を頼《たよ》れるといいのですが、難《むずか》しい場合《ばあい》にはスクールカウンセラーなどのなかから、信頼《しんらい》できる大人《おとな》を探《さが》す必要《ひつよう》があります。第《だい》2章《しょう》の43ページも参考《さんこう》にして、相談相手《そうだんあいて》を探《さが》してみてください。

自分《じぶん》も誰《だれ》かに「嫌《いや》な関《かか》わり方《かた》」をしないように注意《ちゅうい》しよう

誰《だれ》かの権利《けんり》に害《がい》を加《くわ》えるような行為《こうい》は、重大《じゅうだい》な問題《もんだい》です。自分《じぶん》が攻撃《こうげき》されたときには、対処《たいしょ》しなければいけません。そしてまた、みなさんも誰《だれ》かの権利《けんり》に危害《きがい》を加《くわ》えることのないように注意《ちゅうい》する必要《ひつよう》があります。

自分《じぶん》らしさを大切《たいせつ》にするのはいいのですが、だからと言《い》って、自分《じぶん》と考《かんが》え方《かた》が違《ちが》う人《ひと》の尊厳《そんげん》を否定《ひてい》してはいけません。

例《たと》えば「あの人《ひと》の考《かんが》え方《かた》は合《あ》わない」「見《み》るのも嫌《いや》だ」と感《かん》じるような相手《あいて》がいたとして、その人《ひと》に対《たい》して「お前《まえ》には生《い》きている価値《かち》がない」「死《し》んだほうがいい」などと言《い》うこと。それは相手《あいて》の尊厳《そんげん》を攻撃《こうげき》する発言《はつげん》であり、許《ゆる》されない行為《こうい》です。自分《じぶん》もほかの人《ひと》に「嫌《いや》な関《かか》わり方《かた》」をしないように、気《き》をつけましょう。

自分《じぶん》の「自分《じぶん》らしさ」を大事《だいじ》にするためには、ほかの人《ひと》の「自分《じぶん》らしさ」も尊重《そんちょう》しなければいけません。相手《あいて》に考《かんが》えを合《あ》わせる必要《ひつよう》はないのですが、相手《あいて》の考《かんが》えを認《みと》めて、リスペクトする必要《ひつよう》はあります。そうすることで、自分《じぶん》もほかの人《ひと》も、それぞれに自分《じぶん》らしくやっていけるわけです。

世《よ》の中《なか》にはいろいろな「普通《ふつう》」がある

クラスの多《おお》くの子《こ》たちの「普通《ふつう》」になじめないと、「自分《じぶん》は変《へん》なのかも」と思《おも》うこともあるかもしれません。でも、これまでにも書《か》いてきた通《とお》り、世《よ》の中《なか》にはいろいろな「普通《ふつう》」があります。

もしもいまいる場所《ばしょ》、いまいるグループに居心地《いごこち》の悪《わる》さを感《かん》じたら、ちょっとだけ動《うご》いて、隣《となり》の「普通《ふつう》」を見《み》てみましょう。そこには、あなたにフィットする世界《せかい》があるかもしれません。

大人《おとな》になれば、世《よ》の中《なか》には多様《たよう》な人《ひと》がいるということを肌《はだ》で感《かん》じて、自分《じぶん》だけが変《へん》なわけではないのだと理解《りかい》できます。みなさんもその頃《ころ》にはきっと、気《き》持《も》ちが楽《らく》になっていると思《おも》います。でも、みなさんが大人《おとな》になるのはまだずい

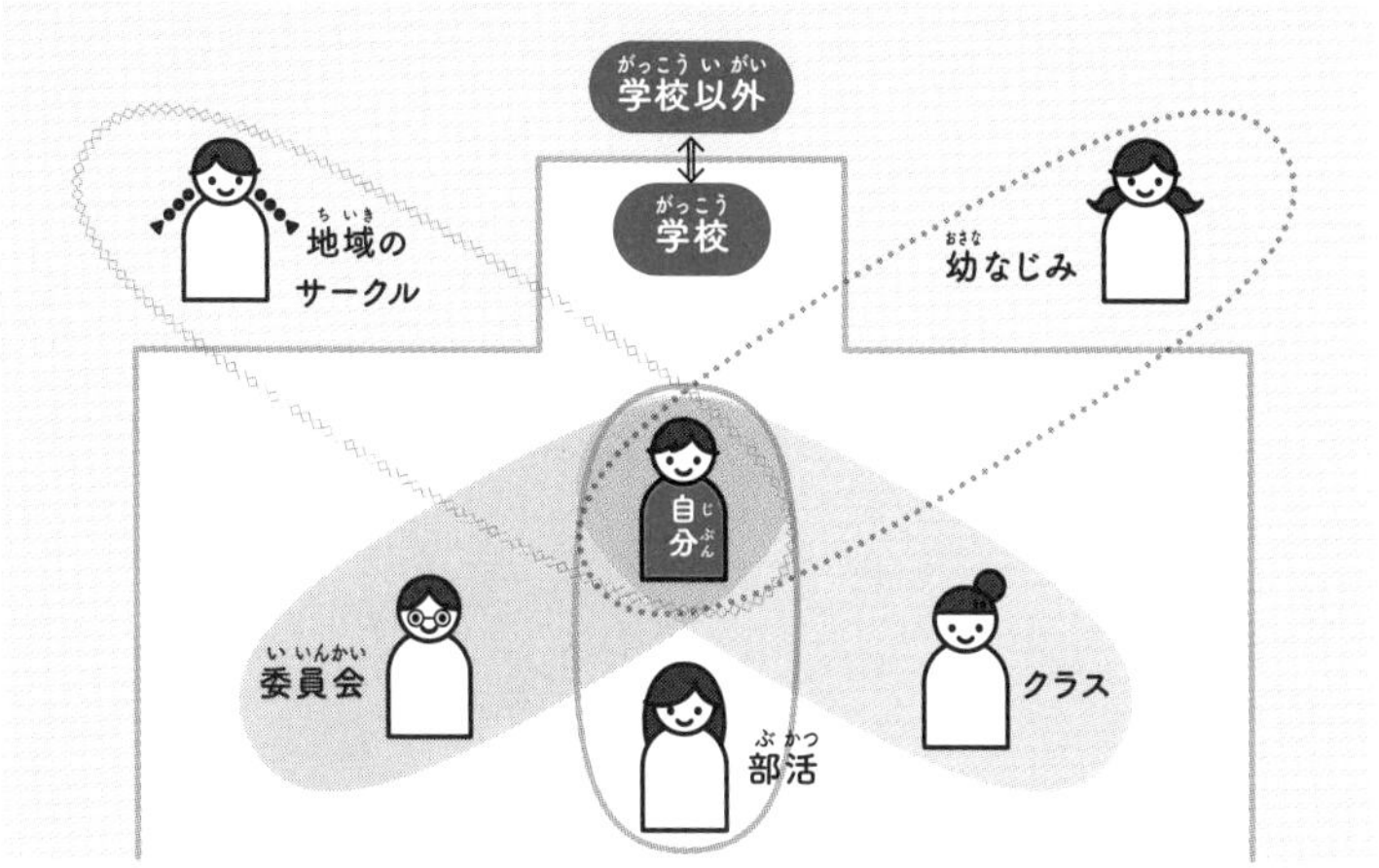

学校《がっこう》でも、学校以外《がっこういがい》の場所《ばしょ》でも、自分《じぶん》の居場所《いばしょ》は一《ひと》つじゃない

ぶん先《さき》のことです。いまはそんなことは考《かんが》えられないでしょう。

みなさんは、すぐに大人《おとな》になることはできません。いまは学校《がっこう》や地域《ちいき》の「普通《ふつう》」のなかで生活《せいかつ》していくしかない。でも、隣《となり》の「普《ふ》通《つう》」をちょっと見《み》に行《い》くことは、いますぐにでもできるのではないでしょうか。

「同級生《どうきゅうせい》以外《いがい》と話《はな》してみようか」「違《ちが》う部活《ぶかつ》動《どう》の子《こ》はどう考《かんが》えるだろう」。そんなふうに、いままでと少《すこ》し違《ちが》うことを、試《ため》してみてほしいと思《おも》います。

いくつかの居場所《いばしょ》を持《も》つと自分《じぶん》らしくいられるようになる

学校《がっこう》や教室《きょうしつ》という一《ひと》つの環境《かんきょう》しか知《し》らない人《ひと》は、悩《なや》んだときに逃《に》げ道《みち》が見《み》つからなくて、困《こま》ってしまうことがあります。一方《いっぽう》で、学校《がっこう》のなかに複数《ふくすう》の居場《いば》所《しょ》がある人《ひと》、学校以外《がっこういがい》にも居場所《いばしょ》がある人《ひと》は、ある場所《ばしょ》ではうまくいかないことがあっても、ほかの場所《ばしょ》で生《い》き生《い》きと過《す》ごすことができたりします。

みなさんにはそんなイメージを持《も》って、いろいろな「普通《ふつう》」を見《み》て、**自分《じぶん》らしくいられるコミュニティを探《さが》してほしい**と思《おも》います。いまいる環境《かんきょう》になじもうとして自分《じぶん》らしさをすり減《へ》らすのではなく、自分《じぶん》を大事《だいじ》にしながら、少《すこ》しだけ世界《せかい》を広《ひろ》げてみてください。いくつかの居場所《いばしょ》を持《も》っておくと、自分《じぶん》らしくいられる時間《じかん》が多《おお》くなります。

みんなと違《ちが》うのは悪《わる》いことじゃない

10代《だい》というのは、子《こ》どもから大人《おとな》になっていく過渡期《かとき》です。それより前《まえ》のまだ小《ちい》さい頃《ころ》は、多《おお》くの子《こ》が将来《しょうらい》に無限《むげん》の可能性《かのうせい》を感《かん》じていて、「がんばれば、なんにだってなれる」と無邪気《むじゃき》に考《かんが》えていたりします。でも10代《だい》になると現実《げんじつ》も見《み》えてくる。自分《じぶん》には苦手《にがて》なこともあって、ほかの人《ひと》と同《おな》じようにはできないこともあるのだとわかってきます。

まわりを見《み》て、いろいろなタイプの人《ひと》がいることを理解《りかい》しながら、自分《じぶん》らしさにも気《き》づいていくんですね。その時期《じき》に自分《じぶん》だけうまくできないことが多《おお》いと、自分《じぶん》の落《お》ち度《ど》のように思《おも》えてしまうこともあります。でもこの本《ほん》では、みんなと違《ちが》うのは悪《わる》いことではないとお伝《つた》えしてきました。

みんなと違《ちが》う部分《ぶぶん》は20代《だい》、30代《だい》になると一《ひと》つの個性《こせい》になって、ほかの人《ひと》にはない独特《どくとく》の持《も》ち味《あじ》になったりすることもあります。10代《だい》の時期《じき》にはそんな先《さき》のことはまだ想像《そうぞう》がつかないかもしれませんが、そのことを頭《あたま》の片隅《かたすみ》に置《お》いておいてほしいと思《おも》います。

その違和感《いわかん》のなかに「自分《じぶん》らしさ」が隠《かく》れている

「みんなと違《ちが》う」と感《かん》じたとき、その違和感《いわかん》を打《う》ち消《け》すために「普通《ふつう》」になろうとするのではなく、みなさんにはむしろその「何《なに》かが違《ちが》う感《かん》じ」を大事《だいじ》にしてほしいと思《おも》います。**いまはただの「違和感《いわかん》」でも、それはいつかあなたの個《こ》性《せい》や長所《ちょうしょ》、強《つよ》みになるかもしれません。**

みんながいいと思《おも》っているものを、それほどいいとは思《おも》えない。運動《うんどう》ができること、おしゃべりが上手《じょうず》なことに、自分《じぶん》は感動《かんどう》しない。それよりも、例《たと》えば本棚《ほんだな》に大好《だいす》きな本《ほん》をきれいに並《なら》べることに心《こころ》をひかれる。そういう人《ひと》は、学校《がっこう》生活《せいかつ》に違和感《いわかん》を持《も》つこともあると思《おも》います。

その人《ひと》の自分《じぶん》らしさは、10代《だい》の時期《じき》にはまわりの人《ひと》にあまり評価《ひょうか》されないかもしれません。気《き》の合《あ》う友《とも》だちはなかなか見《み》つからないかもしれない。でも、自分《じぶん》が好《す》きなことをずっと大事《だいじ》にしていると、これからの人生《じんせい》のどこかで、その「好《す》き」に共感《きょうかん》する人《ひと》、その「好《す》き」を評価《ひょうか》する人《ひと》に出会《であ》える可能性《かのうせい》があります。その「好《す》き」が生涯《しょうがい》続《つづ》く趣味《しゅみ》になったり、将来《しょうらい》の仕事《しごと》にむすびついたりすることも、案外《あんがい》あったりするものです。違和感《いわかん》を大事《だいじ》にすることが、結果的《けっかてき》に自分《じぶん》を大事《だいじ》にすることにもなるんです。

自分《じぶん》らしさを大事《だいじ》にすれば後悔《こうかい》することも少《すく》なくなる

誰《だれ》かの言《い》う通《とお》りにして生《い》きていると、大《おお》きな失敗《しっぱい》をしたときや、大好《だいす》きなものをあきらめなくてはいけなくなったときに、ひどく後悔《こうかい》するものです。

それに対《たい》して、自分《じぶん》の好《す》きなもの、やりたいことを大事《だいじ》にして、自分自身《じぶんじしん》で何《なに》をするかを決《き》めて行動《こうどう》すると、後悔《こうかい》が少《すく》なくなります。失敗《しっぱい》すればもちろん後悔《こうかい》はしますが、人《ひと》に言《い》われてやったときとは、後悔《こうかい》の仕方《しかた》が変《か》わります。

人《ひと》の言《い》う通《とお》りにして失敗《しっぱい》したときには、自分《じぶん》を情《なさ》けないと思《おも》うだけでなく、人《ひと》のことを信《しん》じられなくなったりもします。「あいつのせいだ」と相手《あいて》を責《せ》める気持《きも》ちが頭《あたま》から離《はな》れず、かといって自分《じぶん》の考《かんが》えにも自信《じしん》が持《も》てなくなってしまうんです。一方《いっぽう》、自分《じぶん》で決断《けつだん》したときには、**後悔《こうかい》はあっても「次《つぎ》はどうしよ**

う」と試行錯誤《しこうさくご》できるようになります。

そういう意味《いみ》でも、みなさんには好《す》きなもの、やりたいことを大事《だいじ》にしてほしいと思《おも》います。

大切《たいせつ》にしたいものを大切《たいせつ》にするために

「普通《ふつう》」を捨《す》てるのは、何《なに》かをあきらめることに似《に》ています。でもそれは、あなたが「本当《ほんとう》に大切《たいせつ》にしたいもの」を明《あき》らかにするための、前向《まえむ》きな行動《こうどう》です。誰《だれ》かが決《き》めたルールにしばられて、自分《じぶん》のよさを消《け》してしまわないように。

みんなとの「違《ちが》い」を見《み》ながら、ゆっくりと自分《じぶん》らしさを見《み》つけて、大切《たいせつ》にしていきましょう。この本《ほん》がそのヒントになることを願《ねが》っています。

著者

本田 秀夫

信州大学医学部子どものこころの発達医学教室教授。

精神科医師。医学博士。1988年、東京大学医学部卒業。東京大学医学部附属病院、国立精神・神経センター武蔵病院、横浜市総合リハビリテーションセンター、山梨県立こころの発達総合支援センターなどの勤務を経て、2014年より信州大学医学部附属病院子どものこころ診療部部長。2018年より現職。発達障害の臨床に30年以上従事し、学術論文や著書多数。

日本自閉症スペクトラム学会会長、日本児童青年精神医学会理事、日本自閉症協会理事、特定非営利活動法人ネスト・ジャパン代表理事。

STAFF

デザイン……鈴木大輔・江﨑輝海（ソウルデザイン）

カバーイラスト……456

本文イラスト……まる

DTP……G-clef

校正……麦秋アートセンター

編集協力……石川 智

編集……小向佳乃

10代《だい》からのメンタルケア
「みんなと違《ちが》う」自分《じぶん》を大切《たいせつ》にする方法《ほうほう》

2023年 2 月20日　初版発行
2024年 6 月15日　3 版発行

著　者／本田《ほんだ》　秀夫《ひでお》
発行者／山下　直久
発　行／株式会社 KADOKAWA
〒102-8177　東京都千代田区富士見2-13-3
電話0570-002-301（ナビダイヤル）

印刷所／ TOPPAN株式会社

●お問い合わせ
https://www.kadokawa.co.jp/（「お問い合わせ」へお進みください）
※内容によっては、お答えできない場合があります。
※サポートは日本国内のみとさせていただきます。
※ Japanese text only
定価はカバーに表示してあります。

Printed in Japan
ISBN 978-4-04-897411-0　C0011